Rotraut Walden und Simone Borrelbach

Schulen der Zukunft

W0401181

Rotraut Walden
und Simone Borrelbach

Schulen der Zukunft

Gestaltungsvorschläge der Architekturpsychologie

Mit einem Vorwort von
Prof. Dipl.-Ing. Peter Hübner

und Kommentaren von
Friedensreich Hundertwasser

6. Auflage

Asanger Verlag • Kröning

Die Autorinnen:
Rotraut Walden, PD Dr. phil., Architekturpsychologin und wissenschaftliche Mitarbeiterin im Fachgebiet Sozial- und Umweltpsychologie am Institut für Psychologie der Universität in Koblenz. Autorin von "Lebendiges Wohnen"; Ko-Autorin von "Kinder-Räume. Kindertagesstätten aus architektur-psychologischer Sicht" und "Psychologie und gebaute Umwelt".

Simone Borrelbach, arbeitet als Grundschullehrerin in der Nähe von Luxemburg. Mit dem Thema "Schulen der Zukunft" befasst sie sich seit 1999 in Deutschland und auch im Ausland intensiv. Hierbei hatte sie mehrfach Gelegenheit, hochrangige Architekten aufzusuchen und zu interviewen.

Umschlaggestaltung:
Kerstin Schulmayer, eleveneyes • agentur für visuelle kommunikation

Druck: xPrint s.r.o., Czech Republic

Bibliographische Informationen Der Deutschen Nationalbibliothek:
Die Deutsche Nationalbibliothek verzeichnet diese Publikation in der Deutschen Nationalbibliographie; detaillierte bibliographische Daten sind im Internet über http://dnb-nb.de abrufbar.

Das Werk einschließlich aller seiner Teile ist urheberrechtlich geschützt. Jede Verwertung außerhalb der engen Grenzen des Urheberrechtsgesetzes ist ohne Zustimmung des Verlags unzulässig und strafbar. Das gilt insbesondere für Vervielfältigungen, Übersetzungen, Mikroverfilmungen und die Einspeicherung und Verarbeitung in elektronischen Systemen.

6 . Auflage 2010
© 2002 Asanger Verlag GmbH, Kröning • www.asanger.de
ISBN 978-3-89334-392-8

Inhaltsverzeichnis

Danksagungen

Simone Borrelbach: Dankbar bin ich in erster Linie den Architekten für die mir gewährte Zeit, für die sich anschließende Erkundung und Erschließung an Ort und Stelle und für das interessierte Mitgehen im „pädagogischen Plauderton", der einige Male zum Verlegen von weiteren geplanten Terminen führte. Die von mir befragten Persönlichkeiten überzeugten durch fachliche Kompetenz und berufliche Fitness, die mich faszinierten und in meinem Vorhaben durch zahlreiche wertvolle Informationen weiter brachten. Fortbildung, ständige Reflexion, Initiativfreude, Pioniergeist, ein suchender Lernweg und das Bekenntnis zur persönlichen Note sind auch bei Architekten, so konnte ich feststellen, ein Dauerauftrag.

Ein ganz besonderer Dank geht an meine Eltern, ohne deren finanzielle Unterstützung ich die Besichtigungsreisen, die oft mehrere Tage in Anspruch nahmen, nicht hätte durchführen können. Danken möchte ich auch Pia Bode, Christine Ewen und Isabel Homann, die mich bei meinen Schulbesichtigungen begleitet haben.

Rotraut Walden: Ich schließe mich dem Dank von Simone Borrelbach an die ihr lieben Menschen und an die Architekten zum Thema "Schule der Zukunft" sehr herzlich an (*Ralph Bingen* in Vianden (Luxemburg); *Peter Busmann*, Köln; *Peter Hübner*, Neckartenzlingen; *Ernst Kasper und Klaus Klever*, Aachen – sowie Dieter Wendling, Kastellaun). Prof. Dr. Ruth Rustemeyer (Universität in Koblenz) danke ich für die konstruktive Kritik und anregende Arbeitsatmosphäre. Christa Dickopf scannte die Fotos für den Text, las aufmerksam Korrektur und überprüfte Quellenangaben. Zahlreiche Studierende an der Universität in Koblenz beteiligten sich engagiert an den Voruntersuchungen. Ihnen sei ebenfalls herzlichst gedankt.

Bei *Friedensreich Hundertwasser* (inzwischen verstorben) und *Joram Harel* möchten wir uns beide für ihre Teilnahme an einer schriftlichen Befragung danken; ebenso bei *Christian Rittelmeyer.* Sicher hat dieses Buch in der jetzigen Form von dem einfühlenden Nacharbeiten der Strukturen des Textes durch den Verleger des Asanger Verlags, Dr. Gerd Wenninger, noch gewonnen.

Wir gehen im Anhang noch kurz auf die *Heinz-Galinski-Schule* (Architekt *Zvi Hecker*, Tel Aviv) ein. Wir hatten leider nur die Möglichkeit, diese Schule von außen zu fotografieren. Im Anhang kommt auch noch *Friedensreich Hundertwasser* selbst zu Wort: durch einen Text, den er uns zur Umgestaltung des *Martin-Luther-Gymnasiums* (*Wittenberg)* zugesandt hat, und eine Veröffentlichung „Vom schöpferisch Wissenden zum Unwissenden".

Vorwort

Als wir vor 20 Jahren unsere erste Schule entworfen und gebaut hatten, waren wir der Meinung, dass das Schulgebäude keinen wesentlichen Einfluss auf die Lehre hätte und dass Schule etwas sei, das zwischen Lehrenden und Lernenden passiert, dass gute Schule in einem schlechten Gebäude und schlechte Schule in einem guten Haus möglich sein.

Wir hatten das Glück, acht Jugendhäuser unter Beteiligung der späteren Nutzer bei der Planung und auch beim Bau zu realisieren und waren überrascht über diese so ganz anders aussehenden Häuser, die vor Individualität und Einzigartigkeit strotzten und zugleich, dadurch, dass sie mit wenig Geld, zum Teil aus gebrauchten Elementen errichtet waren, ein anderes Bild zu den bombenstabilen Betonbauten, die scheinbar als einzige der rabiaten Nutzung eines Jugendhauses widerstehen könnten, darboten.

Trotz ihrer großen Fragilität wurden diese Jugendhäuser außerordentlich pfleglich behandelt und schienen durch den liebevollen Umgang der Bewohner immer reicher zu werden und zeigten keinerlei Spuren von Vandalismus jedweder Art. Als Erklärung für dieses Phänomen schien naheliegend, dass die Bewohner der Häuser selbst aktiv für deren Schutz verantwortlich waren und insofern sahen wir mit einer gewissen bangen Sorge der Zeit entgegen, da die nächste und übernächste Jugendhausgeneration mit den so entstandenen Häusern konfrontiert werden würde.

Zu unserer Überraschung änderte sich auch in der fünften und sechsten Generation der Umgang der Jugendlichen mit ihren Häusern keinesfalls, sondern schien eher noch liebevoller zu werden, es schien gerade, als ob die vielen Streicheleinheiten die jene Gebäude empfangen hatten, sich verstärkend auf die Atmosphäre, das Ambiente oder die Aura eines Hauses auswirkten. Wir mussten erkennen, dass die Gebäude die Botschaft „ich bin mit Liebe von vielen Händen gemacht worden“, selbst ausstrahlten, ohne dass sie einen menschlichen Mittler bräuchten, das heißt, solcherart entstandene Häuser schützen sich gleichsam selbst.

Der Grund liegt in dem Phänomen, dass der Mensch seinem Wesen nach hausbedürftig ist und zwar nicht nur physisch sondern auch psychisch und sozial. Humanethologen wie Schievenhövel, Eibl-Eibelsfeld und Lötsch, allesamt Konrad-Lorenz-Schüler, haben mit ihren Forschungen eindeutig belegt, dass Häuser nicht rein technische Gebilde sind, sondern darüber hinaus wesentliche andere Funktionen erfüllen müssen, die weit über das hinausgehen, das die meisten Architekten beachten, wenn sie ein Haus bauen. Dieses trifft insbesondere auf Schulen zu, in denen junge und damit noch sehr formbare Menschen große Teile ihrer Jugend verbringen müssen.

Die Erkenntnis, dass Lernräume gleichzeitig Lebensräume sein müssen, wenn sie ganzheitlich den Menschen in seiner Entwicklung fördern sollen, führte dazu, dass wir, wenn irgend möglich, Schüler und Schülerinnen, Lehrer und Lehrerinnen sowie Eltern am Entwurfs- und Bauprozess beteiligen und als Ergebnis Schulkomplexe entstanden sind, die in ihrer differenzierten Ausformung eher gewachsenen städtischen Strukturen als monolithischen Großbauten gleichen.

Das hier vorliegende Buch zeigt die Ergebnisse einer Forschungsarbeit, die außerordentlich wichtig für diejenigen ist, die sich mit Schulbau befassen und zwar Pädagogen und Architekten gleichermaßen, und es wäre schön, wenn auch die verantwortlichen Politiker das Wissen um die hier vorgestellten Zusammenhänge nutzen würden, um die richtigen Forderungen nach menschgemäßen Schulbauten zu stellen.

Neckartenzlingen, im Februar 2002

Peter Hübner

Peter Hübner, Dipl.-Ing., ist Architekt vieler Sozialbauten wie z.B. der Gesamtschule in Gelsenkirchen und der Waldorfschule in Köln-Chorweiler. Er ist Professor an der Fakultät für Architektur + Stadtplanung der Universität Stuttgart und Partner der plus+ bauplanung GmbH.

Es ist das Unglück, daß Würde und Freiheit von Gedanken oft von den Raumverhältnissen eines Zimmers, einer beglückenden Fensteraussicht, einem gewissen Maß von Licht und Farbe abhängig sind, so daß einer, der sein Leben lang in einer Art von länglichen Schachteln gehaust hat und eines Tages ein edel proportioniertes Gemach betritt, sich zu glauben geneigt findet, wieviel er vielleicht allein durch den Charakter seiner Wohnräume geistig verloren haben könnte.

Christian Morgenstern
Stufen, Psychologisches, 1906

1 Einleitung

1.1 Überblick

Dass Räume auf Menschen einwirken, merken wir täglich am eigenen Leibe, sei es beim Besuchen von Freunden in deren eigenen Wohnungen, beim Eintreten in ein Kaufhaus, ein Restaurant oder ein Museum. Man gewinnt ganz unterschiedliche Eindrücke, die die verschiedensten Empfindungen und Stimmungen bei uns auslösen. Da Räume uns beeinflussen, beschäftigen wir uns gerne damit, die von uns bewohnten Zimmer zu gestalten, so dass wir uns in ihnen wohl fühlen und sie als unser Zuhause ansehen.

Eher schwierig wird die Gestaltung bei öffentlichen Gebäuden wie Schulen. Oft unterschätzt wird die Bedeutung von Räumen für das Gelingen der schulischen Bildung. „Dass Kinder sich in ihren Schulräumen wohl fühlen, ist eine entscheidende Voraussetzung für erfolgreiches Lernen.“ Nach Meinung vieler Experten besteht ein Kommunikationsproblem zwischen Architekten und Pädagogen und den Hauptnutzern, den Lehrern und den Schülern[1]. Die Gebäude werden von „vielen“ für „viele“ erbaut, da bleiben allzu oft individuelle Wün-

[1] Auf die Nennung beider Geschlechter haben wir aus Gründen der Kürze und der besseren Lesbarkeit verzichtet (z.B. bei Experte, Architekt, Planer, Nutzer, Schüler, Lehrer, Rektor, Forscher).

sche auf der Strecke oder werden erst gar nicht mit in die Planung einbezogen. Man sollte sich auf jeden Fall klar werden, welcher Art die Lernprozesse sind, welches pädagogische Konzept gefragt ist, was mit den Kindern gemeinsam angesteuert wird. Wenn die Räumlichkeiten diese Forderung zulassen, unterstützen, ja sogar fördern, sind wir dann auf dem Weg zu „Schulen der Zukunft“?

Die vorliegende Studie zeigt auf, wie der zukünftige *Trend* im Schulbau aussieht. Vielleicht wird es ja *die* „Schule der Zukunft“ nie geben. Schuld daran sind ganz unterschiedliche Einflußfaktoren: Mal stimmt die Architektur nicht, mal sind es die Lehrer, die sich nicht genügend einbringen, mal ist es die Klassengemeinschaft, die das nötige Schwungrad nicht in Bewegung setzt. Hinzu kommt, dass Architektur und Einrichtung immer subjektiv betrachtet werden, d.h. was bei dem einen Wohlbefinden und Zufriedenheit erzeugt, verursacht beim anderen vielleicht Unwohlsein und Unzufriedenheit oder gar Stress.

Bestimmte Formen und Farben sind bei einem Großteil der Nutzer nicht gefragt, andere dagegen erlangen viel Zuspruch. Diese gilt es ausfindig zu machen und in zukünftigen Bauten zu berücksichtigen. Der einfachste, sinnvollste und erfolgreichste Weg ist, die Nutzer schon bei der Planung bzw. beim Umbau aktiv durch Mitbestimmung, Selbstgestaltung und Partizipation einzubeziehen. So entsteht ein Prozess mit wechselseitiger Verzahnung, mit wechselseitigem Einfluss und einer Passung, die von beiden Seiten, den jungen Menschen und der räumlichen Komponente, mitgeformt, mitgetragen und anerkannt wird. So kann sich eine Identifikation vollziehen. Die Grundbedürfnisse liegen im emotionalen, sozialen, kommunikativen, intellektuellen und körperlichen Entwicklungsbereich; daraus ergibt sich, dass der Lernort Schule raumgreifend ist und die Prädikate Lebensstätte, Erfahrungs- und Begegnungsort, Werkstatt, Station, Labor, Oase und Haltepunkt erhält. Daraus resultiert auch, dass das, was die Architekten planen und schaffen, mehr sein muss als Mauern, Decken, Dächer und Hallen, sondern eine bauliche Komposition, die zu gefallen weiß, die ästhetisch ansprechend ist, die funktional neugierig macht, die zum Verweilen einlädt, die zum Tagewerk ruft, die Lernfreude und Leistungsbereitschaft fördert, festen Rückhalt im täglichen Programm bietet und Wege der Selbstgestaltung eröffnet, die sich bis ins spätere Berufsleben sowie in private und persönliche Bereiche erstrecken.

Sicher wird mancher Leser es als etwas anmaßend ansehen, wenn wir von einer "Schule der Zukunft" sprechen. Doch sind wir tatsächlich bei unseren Recherchen von dem Leitgedanken erfüllt, wie eine solche Schule beschaffen sein könnte. Angesichts des sozialen Wandels, bei dem mit immer mehr älteren Menschen zu rechnen ist, die von Jüngeren "finanziert" werden müssen, ist unsere Frage kein "Luxus". Die jüngere Generation muß immer leistungsfähiger werden, um solche Anforderungen erfüllen zu können. Außerdem, betrachten wir die Schulen der Vergangenheit, so besteht bei vielen ohnehin schon ein Defizit im Hinblick auf die Förderung von Leistungs- und Lernfähigkeit, das Wohlbefinden und das soziale Miteinander. Wir sind der Meinung, dass bessere Schulgebäude die Umwelt dafür schaffen können, in der pädagogische Förderung Erfolg haben mag.

Um auch ein "Zuhausefühlen" in einer solchen Schule zu erreichen, in dem die Kinder und Lehrer zeitlich ja sehr lange zubringen, ist es auch selbstverständlich, dass Kinder, Lehrer und Eltern diese Schule mitgestalten können. Ein weiterer Effekt von "schöner" Selbstgestaltung von Schulen ist eine Zunahme, sich verantwortlich für seine Umwelt zu fühlen, kreativer, umweltintelligent zu werden und eine Abnahme an Vandalismus. Unsere Zielsetzung entspricht der Vorstellung von Architekturpsychologie, dass (Leistungs-) Verhalten von Personen vom Wechselspiel mit ihrer Umwelt abhängig ist (Lewin 1963).

Angesichts der Vielfältigkeit der Aspekte, die Auswirkungen auf das Erleben und Verhalten von Schülern, Lehrern und Eltern in Schulen haben, stellt Gifford (2002) im Hinblick auf die Architektur folgende Frage: Wie wirken sich die verschiedenen Bauformen auf das Lernen aus? Schulbauten und Schulhöfe insgesamt sind sehr variabel. Einige sind sehr groß, andere sehr eng bemessen, einige sehen aus wie Monopoly Hotels, wie einstöckige geometrische Bauten, aus Klassenzimmer-Blöcken zusammengesetzt, einige haben Wiesen, andere nur winzige asphaltierte Höfe.

Zunächst resultiert daraus eine Suche 1) nach ordnenden Einheiten und deren empirischer Einbindung, sodann 2) nach den Schlußfolgerungen, die sich aus den Ergebnissen ziehen lassen.

Ad 1) Nicht nur die Bauformen sind vielfältig, auch die lokalen Bedingungen eines jeden Gebäudes und seine ökologische Einbettung. Ferner sind die betroffenen Menschen sehr verschieden. Wir beziehen uns in unserem Untersuchungsansatz deshalb aus pragmatischen Gründen auf einen interaktionistischen Ansatz, der annimmt, dass Verhalten durch beides: Umwelt und Mensch begründet wird. Eine Struktur mit den Einheiten Reaktion, Situation und Person, die dann Aussagen zu konkreten Punkten darin zuläßt, bietet uns die Facettentheorie (Borg 1996). Konzeptuell schließen wir uns dem transaktionalen Ansatz an, mit dem gemeint ist, dass nicht nur das Individuum durch die soziale und physische Umwelt in ihrem Verhalten bestimmt wird, sondern eine Person ändert mit ihrem Verhalten wiederum die Wirklichkeit. Der transaktionale Ansatz bezieht sich auch auf die Einzigartigkeit von Problemlösungen, wie sie z.B. in Interviews angesprochen werden (Werner & Altman, 2000, 21 ff.).

Einen Bezugsrahmen, wie umweltpsychologische Grundkomponenten allgemein in einen Zusammenhang gestellt werden können, erläutert Kaminski (1988; Moore, Tuttle & Howell 1985; s. Dieckmann, et al. 1998, S. 48 ff.).

Ad 2) In älteren Studien waren Forscher eher geneigt zu behaupten, dass die Umwelt das Verhalten determiniere. D.h. es wurde aufgrund von bloßen Zusammenhängen versucht, konkrete Auswirkungen der Umwelt auf den Menschen zu bestimmen. Auf diese Weise Kausalannahmen abzuleiten, problematisiert Linneweber (1990) insbesondere im Hinblick auf umweltpsychologische Studien zu Schulgebäuden.

Legitimerweise lassen sich Kausalannahmen ableiten, wenn Effekte eindeutig isolierbar sind und Gesetzmäßigkeiten aufgestellt werden können. Doch das ist hier nicht der Fall und das ist ein Einwand, der in der Regel auf angewandte sozialwissenschaftliche Forschung im Allgemeinen zutrifft. Wir möchten deshalb darauf hinweisen, dass wir nur Tendenzen aufweisen können, deren Folgerungen nicht vergleichbar sind mit denen aus sogenannten „harten“ experimentellen Befunden.

Diese Debatte mündet meist in die Feststellung, dass Forschung, die Aussagen aufgrund von Zusammenhängen zwischen vielfältigen Aspekten zu formulieren versucht, oftmals hohe Praxisrelevanz aufweist – während experimentelle Forschung zwar Gesetzmäßigkeiten zu ermitteln versucht, aber oftmals nur winzige Segmente der Wirklichkeit in den Blick nimmt und damit sehr beschränkt in ihrem Gültigkeitsbereich ist.

Eine Lösung dieser generellen Problematik können wir nicht anbieten, aber unsere Darlegungen sind an der Einsicht orientiert, dass Architekten zu Recht von Psychologen konkrete Hilfestellungen erwarten, zumal ja nun einmal gebaut werden muß – mit oder ohne eindeutig ableitbarer psychologischer Expertise. Folgerungen aus diesem Dilemma führen zur oben bereits genannten Suche nach Einheiten bzw. Strukturen und einer „Standortbestimmung“ des Forschungsgegenstandes aufgrund einer kombinierten Anwendung verschiedener methodischer Ansätze auf ein und dieselbe Fragestellung (vgl. die Diskussion zur „Triangulation“ bei Hellbrück & Fischer, 1999, S. 115), wie wir sie auch in der weiteren Folge dieser Studie anwenden.

Unser Buch ist in zwei Teile gegliedert: in einen theoretischen Teil mit einer Geschichte des Schulbaus und architekturpsychologischen Grundlagen und einen empirischen Teil mit einem Facettenansatz,

Interviews zu ausgewählten Schulen der Zukunft und einem Schema zur Beurteilung von der Qualität von Schulbauten.

1. Die Hinführung zum Thema beginnt mit dem Schulbau in früheren Zeiten (Kap. 2). Ein kurzer geschichtlicher Überblick lässt gut erkennen, dass jede Architektur, so auch der Schulbau, nicht nur mit der Zeit gehenden Veränderungen unterliegt, sondern auch Spiegelbild unserer Gesellschaft ist. Die geltenden Gütekriterien für den Bau an Schulen haben sich stetig verändert (s. Abschnitt 2.5). Heute fußt der Schulbau meist auf einem im Vorfeld festgelegten Konzept, welches konkrete Anforderungen an die Beschaffenheit des Schulbaus selbst und an seine unmittelbare Umgebung stellt. Ganz entscheidend ist hier die Frage nach dem richtigen Architekten. An diesen werden vielfältige Ansprüche gestellt. Dazu gehören nicht nur, dass er als Anwalt der Schüler und Lehrer seinen Auftrag ausführt, sondern auch möglichst alle Wünsche von Nutzerseite aus berücksichtigt und versucht, sie mit in sein Konzept einzubeziehen (s. Abschnitt 2.6 ff.).

Im Kapitel 3 haben wir uns mit Bedingungen beschäftigt, die für das Thema „Schule der Zukunft" ausschlaggebend sind. Wohlbefinden und Lernbereitschaft werden neben äußeren (räumlichen) Bedingungen auch von inneren Bedingungen (psychologischen Prozessen) beeinflusst: Erregung, Anpassung oder Umstellung, Stress, Ablenkung, Überlastung und Ermüdung; auch von ihnen sind das Wohlbefinden, das soziale Miteinander und die Lernleistung abhängig. An der Schnittstelle zwischen außen und innen befindet sich die Raumwahrnehmung. Hervorzuheben ist außerdem hier die Bedeutung der räumlichen Bedingungen, zu denen wir die Farb- und Formgestaltung, das Licht, die Beleuchtung, das Klima, Beheizung und Ventilation, Akustik sowie Lärm und die Möblierung zählen (s. Abschnitte 3.2 - 3.7). Danach haben wir Prozesse und Bedürfnisse beschrieben, die für das psychische und physische Wohlbefinden der Nutzer von Bedeutung sind (s. Abschnitte 3.8 - 3.10), wie Dichte und Enge, Privatheit, Konflikte und Aggressionen und Schule als Begegnungsraum. Partizipation und Selbstgestaltung (Kap. 3.9), die Beschreibungen von ökologischen Merkmalen in der Materialwahl im Innen- und Außenbereich mit einem Abschnitt zur Erziehung zur ökologischen Verantwortung, sowie die Klärung von organisatorischen Merkmalen, Stellungnahmen zum offenen Unterricht und zur außerschulischen Nutzung runden Kapitel 3 ab. Schule ist nicht begrenzt auf den Schulunterricht sondern ein lebendiger Ort des Lernens und Spielens sowie eine Begegnungsstätte auch für Nutzer aus den angrenzenden Stadtteilen. Wie sich zeigen ließ, ist die Architektur in ihren Vorgaben nicht nur im Innenbereich, sondern auch im Außengelände prägend und bestimmend für spätere Vorhaben. Die Schule soll nicht nur eine Stätte sein, in der sich Lernprozesse abspielen, sondern ein offenes Haus sein, in dem sich jedermann wohl fühlen kann.

2. Wie kamen wir zu unseren „Schulen der Zukunft“? Erste Hinweise erhielten wir durch eine Befragung von Experten von Fachzeitschriften, die sich täglich unmittelbar mit dieser Thematik auseinandersetzen: die AIT (Architektur, Innenarchitektur und technischer Ausbau) und die Baumeister. Im zweiten Teil der Arbeit, dem empirischen Teil, beschrieben wir vorab die Facetten, die für unsere Untersuchung grundlegend sind (Kap. 4.1). Dann haben wir uns mit sechs bekannten etablierten Schulbauarchitekten in Verbindung gesetzt und diesen nach einem strukturierten Interviewleitfaden zum Thema „Schulen der Zukunft“ Schlüsselfragen gestellt. Ziel unserer Interviews war es, neuzeitliche Trends im Schulbau zu ermitteln. Wir befragten die Architekten nicht nur nach zukunftsweisenden Kriterien, sondern auch nach positiven und eher kritischen Aspekten in der von ihnen geschaffenen Architektur (eine kurze Beschreibung der Beispiel-Schulen: Kap. 4.1; Fotos im Anhang). Damit erhielten wir auch einen Einblick in die Hindernisse und die „normalen“ Bauweisen. Die entsprechenden Tabellen sind hierzu im Teil Schema zur Beurteilung von Schulen der Zukunft (Kap. 4.2) platziert. Abschließend setzten wir uns mit den Aspekten auseinander, die es zu bewältigen gilt, um dann zu beschreiben, wie aus der Sicht unserer Ergebnisse zukunftsweisende Schulgebäude gestaltet werden können (siehe Fazit in Kapitel 4.3). Darüber hinaus weisen wir auch im Lauf des Textes immer wieder auf Verknüpfungen zu innovativen pädagogischen Zielen und damit zu lebendigem Unterricht hin. Abschließend folgt eine kleine Fotoauswahl zur Veranschaulichung der von uns analysierten Schulen.

1.2 Fragestellungen

Als wir uns rückblendend die Schulen vor Augen hielten, die wir selbst kennen gelernt haben, stellten wir uns die Frage, ob diese Schulen tatsächlich das Wohlbefinden der Kinder und Lehrer fördern: Identifizieren sich die Kinder überhaupt mit ihrem Schulhaus? Erfreuen sich die Lehrer beim Eintritt in das Schulhaus an dessen Aussehen und Wohnlichkeit? Nehmen die Kinder das Schulhaus, in dem sie tagtäglich unterrichtet werden, überhaupt als ihres an?

Dass das Aussehen des Schulkomplexes sowie die Raumgestaltung einen Einfluss auf die Lernbereitschaft und die Arbeitseffektivität auslösen, wurde schon in zahlreichen empirischen Untersuchungen belegt (vgl. Rittelmeyer 1994, 1996, 1997, 1999, 2000). Eine erste Arbeit von Rittelmeyer beschäftigte sich mit dem Thema „Ästhetisches Schulprofil“ und darin mit Rudolf Steiner und den Waldorfschulen.

Während eines Seminars an der Universität in Koblenz ging es uns um den Einfluß der Gebäude auf das Lernen und Arbeiten in Büroumwelten. Was sind „intelligente Gebäude"[2] bzw. Nutzer? Die Übertragung auf unser Forschungsthema Schulgebäude fiel leicht. Ebenso ließen sich Verknüpfungen zu den Themen „Wohnen“ und „Wohnzufriedenheit" herstellen (Walden 1993, 1995; 1996). Und nun beschäftigten wir uns von verschiedenen Seiten mit Facetten der Architekturpsychologie (Dieckmann et al. 1998; Hellbrück & Fischer 1999; Kaminski 1976). Speziell mit der Wirkung von Gebäuden auf Kinder befaßt sich das Buch "Kinder Räume. Kindertagesstätten aus architekturpsychologischer Sicht." (Walden, Rotraut & Schmitz, Inka 1999).

Als besonderes Werk möchten wir hier das Buch von Walter Kroner (1994) "Architektur für Kinder" nennen. Bei über 30 verschiedenen Projekten kindgemäßer Architektur läßt Kroner Kinder, Erzieher, Eltern und Architekten zu Worte kommen. Als Sinn des Buches schreibt er, Planungsanwalt für Kinder zusammen mit dem Leser sein zu wollen, zumal sich Kinder selbst zuwenig in eigener Sache artikulieren können. Bei seinen kindgerechten Bauten bezieht er sich auf Kinder-

[2] Intelligente Schulgebäude: siehe Kapitel 4.3.

gärten, Kindertagesstätten, Schulen, Wohnformen, eine Kinderbücherei und eine Spielturm im In- und Ausland.

Gleichwohl ist unsere Zielsetzung ein wenig anders. Wir möchten gerne Leitlinien für zukünftige Schulbauten zusammenfassen. Folgerichtig kamen wir nun organisch zu dem gemeinsamen Forschungsprojekt „Schulen der Zukunft“!

1.3 Bedeutsamkeit des Themas

„Aber wir wissen seit Jahrzehnten aus der Lern- und Betriebspsychologie, dass Leistungsbereitschaft dauerhaft nur in einer anregenden, den Menschen irgendwie ‚sympathischen' Umgebung erwartet werden kann“ (Dreier et al. 1999, 22). Dieses Wohlfühlen in Räumen ist durchgängig in Literatur und Befragungen aufgeführt. So heißt es in den Leitlinien zur Wohnqualität: „Die Einschätzung von positiven Gefühlen wie Behagen, Zufriedenheit und Wohlbefinden diente in vielen Studien der Angewandten Psychologie als Kriterium für den Erfolg von Interventionen“ (Walden 1993, 64).

Schulräume, Gebäude und Schulhof sind Orte mit zugedachter Verweildauer; Kindheit und Jugendzeit finden hier mit hohen Zeit-Anteilen statt. Dieser Umstand stellt Forderungen an Funktionsbreite, an räumliche und atmosphärische Qualität. Aus noch frischer Erinnerung wissen wir, dass beispielsweise Schülerzeitungen die Schule als Lern- und Lebensstätte unter die Lupe nehmen und mit Skalenwerten wie „ansprechend, lebendig oder abschreckend; einladend, gastlich oder kalt, gemütlich, überschaubar, wohnlich, angenehm, behaglich, attraktiv, vorbildlich, freundlich oder langweilig, lieblos, trostlos, grau“ fragen.

Ob Menschen sich langweilen oder sich angeregt fühlen, hängt von der Art der Informationen, die sie bekommen, ab, genau: Vom Grad der Neuartigkeit und der Komplexität (Flade 1987, 38). Hier führen Farben zu interessanten Ergebnissen; hellere Farben lassen Innenräume geräumiger wirken, sie führen zu Gewecktheit und Arbeitsfreude. Rot, Orange und Gelb sind anregend; reizarm können zum Beispiel nicht ausreichend beleuchtete Zimmer sein. Wie komplex eine Wohnumwelt ist, hängt von der Vielzahl relevanter Elemente und Merkmale ab. Einfache Architektur und ein allzu schlichter Baustil wirken monoton und langweilig. Gleichförmige, symmetrische und parallele Trakte und Flure verursachen Eintönigkeit.

„Lernfabriken“ der 70er Jahre haben diesen Makel, ebenso die Stadtschulen aus den 20er Jahren. Kinder mögen diese Schulen nicht, sie wollen Farbtupfer, Wandbilder, Blickwinkel. „Planer, Architekten und Baufachleute im weiten Sinne beziehen sich in ihren Vorstellungen zumeist auf ihr (in der Regel durch eine entsprechende formale Ausbildung und berufliche Erfahrung erworbenes) Expertenwissen und orientieren sich an architektur-ästhetischen Leitbildern“ (PZ 9/98, 27-30). Dies reicht beim Schulbau nicht aus, und Impulse für „die Schulen der Zukunft“ können so nicht gewonnen werden. Folgenden Forderungen hat sich der Architekt zu stellen:

- Schule muss Lern- u. Lebensstätte sein
- Schule führt zu Sinneserfahrung
- Schule als Entfaltungsraum für handlungsorientierte Aktivitäten
- Schule gewährt individuelle Vielfalt und Teamverfahren
- Schule ermöglicht soziales Lernen
- Schule ist ein Begegnungsort
- Schule, ein Stück Leben
- Schule, ein Stück Demokratie
- Schule, ein Stück Privatheit und Öffentlichkeit
- Schule als bauliches, wohnliches, ästhetisches, ökonomisches und nachhaltiges Vorbild.

Etwas voreilig lautet der Ruf, dass diese Schulen mit neuem Zuschnitt den Kostenrahmen sprengen und ausufern lassen. Gefragt sind Kreativität, mutige Einfälle, das Wagnis zum pädagogischen Pionier und das Einfangen schülergerechter Bedürfnisse. Diese Bedürfnisse werden an manchen bereits seit Jahrzehnten bestehenden Schulen zum Anlass, Veränderungen herbeizuführen. „Mauern einreißen – damit begann es. Die Flurwände zu jedem vierten Klassenraum ließ die Schulleiterin Enja Riegel herausnehmen. Ersatzlos. In den offenen Räumen entlang der Flure haben Schüler nun ihre Treffs eingerichtet. Hier präsentieren sie Projekte und Ausstellungen. Während des Unterrichts ziehen sich kleine Gruppen aus der Klasse zum Arbeiten in ihre vielfach verschönerten Nischen zurück“ (GEO Nr. 1/1999, 28).

In dieser Reportage wird verdeutlicht, wie diese Foyers die vorher spürbare Starre und Eintönigkeit aufgelöst und die Schülerschaft zur Kommunikation geführt haben und wie sogar die Lehrer zum *small talk* stehen bleiben, sich ansprechen lassen und gemeinsame Pläne schmieden. Nur soviel sei erwähnt: Die Schüler putzen mittlerweile ihre Schule selbst, das eingesparte Budget in Höhe von 25.000,- Euro pro Jahr ermöglicht die Verpflichtungen eines Schriftsetzers, eines Theaterregisseurs, eines Schauspielers und bereichert die Angebote der Arbeitsgemeinschaften und bringt positive Akzente ins Schulleben. Manche Schüler wollen nachmittags oder am Abend noch einmal kommen und begonnene Arbeiten fortsetzen bzw. Passagen des Laienspiels verfeinern. Architekt Hübner (Gesamtschule Gelsenkirchen) formulierte dies vortrefflich: Ein Haus mit Schlüsselgewalt für die Kinder!

„Schulen der Zukunft" können nicht nur Neubauten sein; es sind auch Gebäude, die sich für neue Wege erschließen lassen, die sich öffnen lassen für eine zeitgemäße Unterrichtsarbeit. Zentrale Bedeutung haben das Raumerleben, das Atmosphärische, die bauliche Gliederung mit Nischen und verschiedenen Ebenen, die Leichtigkeit in der Zuwegung innen und außen, die Unverwechselbarkeit sowie eine eigene Note.

Wer schafft eigentlich die „Schulen der Zukunft"? Sind es die Architekten, die Vorreiter spielen? Sind es die Pädagogen, die drängeln? Eröffnet der Bau die Möglichkeit, zeitgerechte Unterrichtsformen zu realisieren?

Es kann am ehesten gelingen, wenn beide Seiten sich sukzessive und dynamisch ergänzen. Richtschnur ist der Schüler in seiner Bedürfnislage; Dreh- und Angelpunkt bleibt auch in Zukunft die Schülerpersönlichkeit auf ihrem Lernweg mit unterrichtlicher Partizipation, mit ihrem Anspruch auf Förderung und Entfaltung, auf persönlichen Zugewinn und Gemeinschaftsfähigkeit. Anzunehmen ist, dass der Klassenverband öfters aufgebrochen wird zu Gunsten einer verstärkten Differenzierung in Teams und Lerngruppen. Dies hat zur Folge, dass die Innenstruktur flexibel und räumlich variabel sein muss.

Christian Rittelmeyer hat in einem persönlichen Schreiben „die Notwendigkeit, dass Schulbauten stärker als bisher nach pädagogischen Gesichtspunkten geplant werden und nicht nur architektonischen Moden folgen (z. Zt. z.B. Glas-, Stahl- Konstruktionen, die oft sehr kalt und unpersönlich wirken)" unterstrichen. Von diesem Gesichtspunkt her erscheint für ihn eine ständige Auflösung des Klassenverbandes wenig sinnvoll. „Dies würde die sozialen Beziehungen zerstören bzw. unmöglich machen, die nur ein Klassenverband ermöglicht. Dieser aber benötigt ein „Heim", einen Klassenraum als vertraute und angenehme Umgebung" (Rittelmeyer 1999, 1).

Peter Struck formuliert es allerdings in der Präsens- und Perfektform, die wir auch ins Futur bringen können, folgendermaßen: „Schulen sind in Neubaugebieten manchmal sogar als Kommunikationszentren gebaut worden, sie haben ein Ganztagsangebot und sind erweitert durch ein Haus der Jugend, ..., einen Kindergarten, eine Stadtteilbibliothek, ein Sportzentrum, eine Elternschule und durch Erziehungs- und Drogenberatungsstellen. Sie stellen die sozialpädagogische Mitte einer Gemeinwesensarbeit dar, die aber letztendlich nur funktioniert, wenn ihre Lehrerschaft zu einem weit über Unterricht hinausgehenden Engagement bereit ist" (Struck 1992, 150).

Hier wird deutlich, dass der Schüler bzw. Jugendliche in Zukunft neben seinem Pflichtprogramm auch Anteile der Freizeit, des Wochenendes und sogar der Ferien in schulische Raumangebote verlagert. Selbstgesteuertes Lernen, das Abstecken selbstgewählter Programme, das Absprechen im Kameradenkreis, das Bilden von Teams fördern soziales Miteinander und wecken Interesse, Talent und Freude am kreativen Tun. Dies zur Kenntnis zu nehmen, ist zukunftsweisende Devise.

1.4 Rückblenden: unsere Erfahrungen mit Schulbau

Wir möchten an dieser Stelle kurz darauf eingehen, welche Erfahrungen wir selbst in Praktika während der Lehrerausbildung (Simone Borrelbach) bzw. in Forschungsarbeiten (Rotraut Walden) an der Universität Koblenz in Pilotprojekten z.B. zur Universität Koblenz 1994 (siehe Walden 1998, 252-262), zur Kurt-Schöllhammer-Schule im Hunsrück 1995, gebaut von dem Architekten Dieter Wendling, und zur Grundschule Wallersheim in Koblenz 1997 (s. Walden 2000) über den Schulbau sammeln konnten und welche ganz neuen Erfahrungen wir durch die Besichtigung von Schulen für das Arbeitsthema „Schulen der Zukunft“ gewinnen konnte.

Vorab besuchte gebaute Umwelten

Die von Simone Borrelbach besuchten Schulen in Schulpraktika waren „Musterbauten“ aus den 70er Jahren. Diese waren sehr funktional, aber waren sie auch ansprechend für die Schüler? Borrelbach: „Ich fand es doch seltsam, dass ich keinerlei „Heimatgefühle“ empfand, als ich für mein Praktikum wieder im Gebäude sein durfte, in dem ich meine Grundschuljahre absolvierte. Es gab kaum Spuren, die mir gezeigt hätten, dass ich einen Teil meiner Kindheit dort verbrachte. Es fehlte die Identifikation, war sie vielleicht nie vorhanden? Insgesamt gibt es bei dieser Schule kaum sichtbare Aneignungen. Im Pausenbereich und in der Bibliothek jedoch findet man selbstgestaltete Elemente der Schüler.

Eine weitere Grundschule ist von ihrer äußeren Gestalt auch nicht gerade anregend, allerdings begeisterten mich hier die umfangreiche Begrünung im Innern und der angelegte Schulwald in unmittelbarer Nähe zum Schulgebäude. Immerhin finden sich bei beiden Schulen Ansätze einer Schaffung von gemütlicher Atmosphäre."

Rotraut Walden analysierte systematisch verschiedene Umwelten: Wohnungen, Krankenhäuser, die Universitäten Paderborn und Koblenz, vielversprechende Schulen durch Gestaltungen vom Architekten (Dieter Wendling: Kurt-Schöllhammer Schule in Simmern/ Hunsrück) bzw. durch Gestaltungen der Schüler, Lehrer und Eltern selbst (Grundschule Wallersheim). Erst das Zusammenwirken von Angeboten eines Architekten im Gebäude und die Antwort durch eigene Gestaltungen der Nutzer führt zu lebendigen Schulen.

Bei einer Studie zu Büroumwelten und deren Auswirkungen auf die Arbeitsleistung der Betroffenen in Zusammenarbeit mit der Abteilung Raum- Organisations- Management der Deutschen Bahn Immobiliengesellschaft wurde Walden aufmerksam darauf, daß Empfehlungen zu Verbesserungen aus den Fehlern und außergewöhnlich gelungenen Aspekten eines bisherigen Gebäudes zu dem Bau von „Umwelten der Zukunft" beitragen können. Doch nicht nur „Bisheriges" sollte berücksichtigt werden, da die Zukunft noch nicht gebaut ist, wohl aber in den Köpfen der Planer steckt. So wurden innovative Architekten in

Interviews nach diesen Besonderheiten, visionären Ideen befragt. Was nun im Hinblick auf Büroumwelten (Walden 1999) mit dem Architekturbüro Sir Norman Foster (Uwe Nienstedt), den Planern der Deutschen Bahn möglich war, sollte auch übertragbar sein auf andere Fragestellungen, hier: „Schulen der Zukunft". Nach innovativen Architekten im Schulbau ließe sich bei findigen Redakteuren von aktuellen Zeitschriften mit diesem Spezialgebiet nachfragen. Doch will man Empfehlungen im Hinblick auf die Verbesserung zukünftiger Gebäude machen, möchte man auch wirtschaftlichen Gesichtspunkten Rechnung tragen. Kosten-Nutzen Abwägungen spielen dabei eine Rolle (Walden 2000). Dies soll auch in neuen Studien wie zur Zeit zur Waldorfschule in Köln (vgl. Schröter 2001) berücksichtigt werden. Die Auswahl der Waldorfschule in einer neuen empirischen Studie als zukunftsweisende Schule ist bereits Resultat der hier berichteten Interviews. Doch wir möchten nicht vorab schon zuviel von den Ergebnissen vorwegnehmen.

Schulen mit dem Anspruch „Schulen der Zukunft“

Wenn wir uns nun die „Musterexemplare“ an Schulbauten vor Augen halten, die wir für diese Studie besichtigt haben, kann fast behauptet werden, dass man in einer solchen Schule jederzeit noch einmal seine Schulzeit verbringen möchte. Jede der von uns besichtigten Schulen löste großes Erstaunen aus. Auch ist uns klar geworden, dass eine ansprechende Schule nicht immer sehr teuer sein muss (Rheinzeitung vom Freitag, 25. Mai 2001). Oft waren es Selbstgestaltungen der Schüler, die uns besonders ansprachen und eine wohnliche Atmosphäre ausstrahlten.

Die Klassenzimmer kamen uns nicht wie Lernräume vor, sondern wie individuell abgestimmte, gemütliche Wohnräume. Es ist gerade bei den Klassenzimmern nicht nur die Aufgabe des Architekten eine Atmosphäre zu schaffen, sondern es liegt die Ausgestaltung in Lehrer- und Schülerhand. Partizipation ist gefragt, ein Kennwort, welches so mancher in seiner Schulzeit nicht zu hören bekam.

1.5 Die Leitfunktion des Architekten

Um dem Lern- und Begegnungsort Schule eine atmosphärische Wirkung und Tiefe zu geben, muss der Architekt bereits dem Grundriss des zu errichtenden Baues wegweisende Konturen geben. Eine starre Ausrichtung zu ungegliederten Blöcken und einfallslose Gradlinigkeit können kostensparend sein, vielleicht auch zweckmäßig in Bezug auf Statik und Volumen, nicht jedoch in pädagogischer Ausrichtung. Schulen haben die Aufgabe, Entfaltungsräume für handlungsorientierte Verfahren zu schaffen und soziales Lernen zu ermöglichen. Auf ihrem Lernweg brauchen die Schüler angenehm und anregend wirkende, wohnliche, ästhetisch ansprechende Räume, Nischen, Rückzugsgebiete und Bewegungsflächen. Dieser Bedürfnislage muss Rechnung getragen werden, und diese Bedürfnisse unterliegen einem Wechsel hin zur Persönlichkeitsentfaltung mit selbstständigem Handeln und dem Sich- Einbringen in Teamarbeit. Da Kinder sich viele Jahre in diesem Haus aufhalten, ja darin leben, arbeiten, feiern und Gemeinschaft erleben, ist es nicht abwegig zu vermuten, dass dieser Erfahrungsort auch „abfärbt“ auf persönliche Eindrücke und Stimmungen. Der junge Mensch sucht Vorbilder für sein Wohnen jetzt und später. So haben die Architekten Leitfunktion.

2 Schulbauten im gesellschaftlichen Wandel

2.1 Pioniere von Reformbauten

Zur Zeit des sechzehnten Jahrhunderts war das Schulwesen eine rein kirchliche Angelegenheit. In den Rats- und Kirchspielschulen wurde in erster Linie für Nachwuchs im geistlichen Bereich gesorgt. Man darf in der damaligen Lehrweise eine rein religiöse suchen, von den Elementarfächern ist vorerst keine Rede. Es wurde überwiegend aus dem Katechismus unterrichtet, der Mitte des 16. Jahrhunderts mit dem Titel „Buch des christlichen Unterrichts" in Köln gedruckt wurde.

Im Heimatkalender vom Kreis Bitburg berichtet Herr Oster Folgendes: „Wo die Schule erscheint, ist sie eine rein kirchliche Sache, gefordert vom Bischof, gehalten meist von Geistlichen, überwacht vom Pfarrer" (Heimatkalender Kreis Bitburg 1965, 140). 1684 drängte der Archidiakon auf die Einrichtung von Schulen, zudem sollte jährlich ein halber Taler Schulgeld von jeder Familie bezahlt werden, dadurch erhoffte man sich einen regeren Besuch des Unterrichts. 1685 erfolgt die Schulpflicht, da bei Besuchen des Kurfürsten immer nur ein ganz geringer Teil der schulpflichtigen Kinder im Alter zwischen sieben und elf Jahren anzutreffen war.

Ganz im Gegensatz zu dem bisher Geschilderten entsteht das Bild einer damals utopischen und nicht zu realisierende Schule nach dem Gedankengut Johann Amos Comenius (1592-1670). Er gilt als bedeutender Pionier der modernen Pädagogik. Durch ihn entstand der Klassenverband, der eine neue Unterrichtsmethodik mit sich brachte. Im sechzehnten Jahrhundert machte sich bereits Comenius Gedanken um Schulgebäude. Er galt als bedeutender Pionier auf diesem Gebiet. Ein Schulbau wird verlangt, der die verschiedenen Altersjahrgänge berücksichtigt, zudem sei eine Klassenteilung notwendig. Comenius erklärt hierzu „die Gesamtheit der Studien genau in Klassen aufteilen, damit die früheren Studien genau den späteren Weg bahnen und ein Licht anzünden" (Raab 1982, 14). Er ergänzt „dass es vorzüglich förderlich sei, wenn die Wände des Klassenzimmers mit Auszügen aus Büchern..., Bildern und Zeichnungen (zum Unterricht) versehen werden" (ebd., 14). Comenius geht aber noch weiter und stellt beachtenswerte Forderungen an den Schulbau selbst: „Die Schule selbst soll an einem ruhigen, von Störungen und Zerstreuungen fern liegenden Ort sein. Die Schule selbst soll eine liebliche Stätte sein, innen und außen eine Augenweide. Drinnen sei ein helles, reines Zimmer, ringsrum mit Bildern geschmückt. Draußen sei bei der Schule zunächst ein freier Platz – zum Spazierengehen und zum gemeinsamen Spiel, aber auch ein Garten, wohin man die Schüler bisweilen schicken soll und wo ihre Augen sich am Anblick der Bäume, Blumen und Kräuter weiden sollen" (ebd., 14).

Emil Rieke beschreibt den Schulbau mit einem Rückblick auf das sechzehnte Jahrhundert wie folgt: „Das Schulhaus, das in den Kirchhof hineinragte, enthielt zunächst nur einen Unterrichtsraum sowie einen Wohn- und Schlafraum für den Lehrer... Während der Pausen spielten die Schüler auf dem Friedhof und hatten dabei – wie es hieß – ziemliche Kurzweil. Von seinem erhöhten Sitzmöbel, dem Katheder, überschaute der Lehrer die Schülerschar,... die ihm, wegen der großen Zahl (weit über hundert) zumeist nach Altersgruppen getrennt, auf Bänken zu Füßen saß und seinem ganz auf Gehorsam beruhenden Unterricht lauschte.

Die Methode war im Allgemeinen unpsychologisch, mechanischer Dressur, formalistisch und langweilig. Als unentbehrliches Zuchtmittel befand sich hinter dem Lehrersessel, in einem Eimer voll Wasser, stets griffbereit, eine Rute" (Raab 1982, 14). Es gab damals nur Winterschulen; die Lehrer waren Geistliche, Küster oder Handwerker, die eine sehr schlechte, sogar oft fehlende Ausbildung hatten. Die Schulstuben waren armselige Räume, es mangelte an Hilfsmitteln und es herrschte Interesselosigkeit und das auf Schüler- und Elternseite; daraus folgt, dass von einem erfolgreichen, pflichtbewussten und intensiven Lehren und Lernen nicht die Rede sein kann.

In der folgenden Zeit begann so langsam eine Teilung der Schulwesenverantwortung. Auf der einen Seite stand immer noch die Kirche, auf der anderen der Staat. Im 18. Jahrhundert verdichtet sich die Bildungssituation jedoch immer mehr. „Je komplizierter die Produktionsabläufe im Zuge des Merkantilismus und des aufkommenden Kapitalismus wurden, umso mehr begann der Staat sich um die Qualifizierung der erforderlichen Arbeitskräfte zu bemühen, denn Analphabeten konnten die absolutistischen Herrscher zur Durchführung ihrer Wirtschaftspolitik nicht gebrauchen... Unter dem ausgesprochenen Motto „so viel Bildung wie nötig" (ebd.,15) wurde die Erziehung rigoros dem Ziel untergeordnet, die Staatsgesinnung, den Arbeitsfleiß und Gehorsam zu erzeugen, die den Staat zu tragen in der Lage sind. Die Aufteilung des Unterrichts spiegelt wider, was für die Schüler brauchbar sein sollte. Im Unterricht wurde nicht nur gelesen und Religiöses auswendig gelernt, sondern auch gerechnet. Dies setzt sich bis ins 20. Jahrhundert weiter fort.

Nach dem Jahre 1871 galt dann die Schule in Deutschland als „zentralgesteuert“ vom Staat. Die Klassen der damaligen Zeit hatten eine Stärke von ca. 50 Kindern. Mehr als 0,9 Quadratmeter Platz für jedes Kind war nicht vorhanden. Sehr beengende Verhältnisse charakterisierten die Klassenzimmer. Bis ins kleinste Detail herrschte Ordnung in diesem Raum (vgl. Raab 1982, 15). Maria Montessori (1870-1952) beschreibt damalige Schulenrealität wie folgt: „Die Schule war für das Kind die Stätte größter Trostlosigkeit. Jene ungeheuren Gebäude scheinen für eine Menge von Erwachsenen errichtet. Alles hier ist auf Erwachsene zugeschnitten: die Fenster, die Türen, die langen Gänge, die kahlen einförmigen Klassenzimmer...“ (Maria Montessori 1909, zit. nach Böhm & Flores 1979, 57; vgl. Dreier et al. 1999, 33).

2.2 Schulbau in Dörfern und Städten

Schulbauten in Städten und Dörfern unterschieden sich gravierend. Auch beim Lernstoff und der Lernatmosphäre waren Unterschiede ersichtlich. Die Schülerzahlen waren in Städten höher und die Schulwege der Kinder kürzer. In Dörfern kam es vor, dass die Kinder einen Schulweg von mehreren Kilometern zu bewältigen hatten. Kleinere Dörfer schlossen sich zu einem Schulverband zusammen. Die Mittelpunktgemeinde wurde Sitzort; Bau, Unterhalt, laufende Kosten wurden per Umlage geregelt. Im Nahbereich der Kirche, also in der Dorfmitte, war die Schule ab 1750 in der Eifel zu finden. In der Regel war es ein Gebäude wie ein Bauerngehöft, jedoch mit größeren Fenstern und einem auffälligen Eingangstor. Integriert im Baukörper war die Lehrerdienstwohnung. Nicht selten befanden sich die Toiletten (damals Aborte genannt) in einem schuppenartigen Nebengebäude; hier lagen auch Vorräte wie Holz, Reisig, später dann Kohlen und Briketts. Die Schulhöfe waren meist mit Kies und Schotter befestigt, manchmal auch mit Pflastersteinen; in diesem Fall galt die Gemeinde schon als reich. Umgrenzt war das Ganze mit Hecken oder halbhohen Mauern. Dieser Grenzziehung kam große Bedeutung zu; denn vielerorts war es nicht weit bis zum Friedhof oder zu den Gärten und Obstbäumen der Anrainer. Diese Dorfschulen waren solide, zweistöckige Bauten mit Hauwerk an Fensterstützen und Pfosten; seit 1820 – so verrät ein Blick in die Schulchronik von Koxhausen (Kreis Bitburg – Prüm) – entwickelte sich der Schulbau dort zu einer Prestigeangelegenheit. Ein stattliches Gebäude soll es nun werden, schreibt der Chronist. Zum gleichen Zeitpunkt wird die nur ein Steinwurf entfernte Dorfkapelle zur Pfarrkirche erweitert; auch der Friedhof, der parallel zum Schulgelände liegt, wird vergrößert. Der Schulsaal hat einen fast quadratischen Grundriss von 10,50 x 9,00 m. Kartenschränke sind in die kräftige Wand (Stärke = 0,70 m) eingelassen. Das ganze Augenmerk der Bauleute und der Beschlussgremien lag auf der Hoffnung:

- unsere Kinder sollen stolz auf ihr Schulhaus sein,
- unsere Kinder sollen sich wohl fühlen,
- unsere Kinder sollen gerne zur Schule kommen,
- unsere Kinder sollen geschützt sein vor Kälte,
- unsere Kinder sollen Lernfreude und eine gelingende Gemeinschaft bilden.

Der Name „dorfeigene Schule“ war Tatbestand und zugleich Programm; Heimatkunde, Lesen, Schreiben, fixes Rechnen, Bibel und Katechismus, Gedichte und Lieder standen obenan.

Waren in den Landschulen oftmals mehrere Jahrgänge kombiniert, z.B. 1.- 4. Schuljahr, 5.- 8. Schuljahr oder gar 1.- 8. Schuljahr in einem Raum, so konnten in Stadtschulen Jahrgangsklassen mit Parallelklassen gebildet werden. Entsprechend groß waren die Gebäude mit einem breiten Eingang, einem Treppenhaus und langen Fluren. Die Toiletten waren im Kellergeschoss platziert, deutlich getrennt für Mädchen und Jungen mit weit auseinander liegenden Zugängen. Zusatzräume wie Rektor- und Lehrerzimmer, Aula, Turnraum und Fachräume befanden sich im Gebäude, das nach außen hin auffiel durch schier endlose Fensterpartien und Mehrgeschossigkeit. Befestigt waren Zugänge und Schulhof, nicht selten prangte als „Kunst am Bau“ über dem Portal ein eingemeißeltes Stadtwappen oder ein Emblem als Symbol des jeweiligen Stadtteils. Eine Dachluke ermöglichte das Hissen einer Fahne zu besonderen Anlässen, die nicht unbedingt etwas mit dem Schulleben zu tun hatten, sondern Kunde gaben von städtischen oder politischen Ereignissen.

Die Klassenräume waren meist schlicht und nüchtern, irgendwie fast klinisch. Karg die gesamte Ausstattung! Zum Dauerschmuck gehörten Erdkunde- Karten und einige Bildleisten an der Rückfront, thematisch in Geschichte und Naturkunde verankert. Fixpunkt für die Schüler waren die Wandtafel und das Lehrerpult. Durch viele Jahrzehnte dominierte der Frontalunterricht, begünstigt bzw. mitverursacht durch die bauliche Vorgabe. Blumen auf den Fensterbänken waren seltener als in Landschulen. Das Prinzip der unmittelbaren Anschauung, der Originalbegegnung und der Praxisorientierung waren – sofern es sich um naturkundliche Dinge und um jahreszeitliche Zeugnisse handelte – dürftig. Mitte des 19. Jahrhunderts hatten diese Mammutsschulen schon ihre Rhythmisierung im Ablauf des Vormittags: Die Klingel sorgte für feste Eckdaten und einen gewissen Gleichklang. Disziplin war bedeutsam und wurde als unverzichtbare Schlüsselqualifikation angesteuert. In dicht gefüllten Klassenräumen ging es diszipliniert zu, und im Zentrum des Unterrichtsgeschehens stand die Autorität des Lehrers. Formen der Partizipation standen lange Jahrzehnte in ihren Anfängen. Die Starre war insgesamt auch ein Ergebnis der Architektur. Es gab keine Nebenräume, nicht zugelassen war die Einbeziehung der Flure, es gab keine Schränke, keine Raumteiler, keine selbstgestalteten Ecken und Zonen. Damit die vielen Kinder in geregelten Abläufen zum Hof und wieder zurück in ihre Klassen gelangen konnten, war alles in Reih und Glied zu bewerkstelligen.

Der Schulbau mitsamt seiner räumlichen Infrastruktur wurde als gegeben von allen Nutzern hingenommen. Verbesserungsvorschläge waren nicht angesagt und wurden selten formuliert.

Ein Blick in die Schulchronik von Trier-West belegt, mit welcher Aufwärtsentwicklung ein Stadtteil schulische Bautätigkeit notwendig werden lässt. Ab 1872 wuchs die Schülerzahl geradezu rasant; drei Kasernen, eine Eisenbahnwerkstätte und ein Elektrizitätswerk, zusätzlich aus dem Boden schießende Geschäftsstraßen und Häuserzeilen führten zu sprunghafter Klassenzahl. Waren die Schüler vorher genötigt, über die alte Römerbrücke zur St. Antonius-Schule zu gehen und in Klassen mit 70 - 100 Kindern, getrennt nach Mädchen und Jungen, unterrichtet zu werden, so schuf Trier-West durchgängige Jahrgangsklassen und hatte im Jahre 1931 insgesamt 906 Schüler. Sämtliche

Räume sind hell und freundlich und mit neuzeitlichen Bequemlichkeiten ausgestattet (Schulchronik Trier - West 1976, 16). 21 Säle liegen auf 2 Geschossen beidseitig des langen Flures, dazu Kochküche, Handfertigkeitssaal, Zeichensaal, Lehrer- und Konferenzzimmer, Sprechzimmer. Wie heute noch zu erkennen, handelt es sich um einen „vornehmen" kasernenhaften Baukörper. Die Bevölkerung war der Meinung, dass diese Schule eine Stätte „frischer, froher Arbeit zu Nutz und Freude unserer Jugend sei, eine Heimstatt echter Religiosität und wahrer Heimattreue... ein Schulhaus voll Licht, Luft und Sonne... eine Vorraussetzung für ein gedeihliches, gesundes Wirken" (ebd., 16). Um die Jahrhundertwende sprachen sich die Reformpädagogen deutlich über die Beziehung zwischen Raumgestaltung, Lerneifer und Lernerfolg aus. Mit besonders wertvollen Erkenntnissen seien hier unter anderen Maria Montessori (1870-1952), Peter Petersen (1884-1952), Rudolf Steiner (1861-1925) genannt.

2.3 Reformpädagogik (1890-1932)

Die Reformpädagogen gaben sich mit dem damaligen Schulbild nicht zufrieden und strebten Veränderungen an. Die reformpädagogischen Bestrebungen bemühten sich um die Verbindung der einzelnen Wissensgebiete. Der Mensch sollte von nun an im Mittelpunkt stehen, der Unterrichtsstoff sollte aus seiner unmittelbaren Lebenswelt sein. Kern der Reformpädagogik war eine Kritik am Geist der Wilhelminischen Gesellschaft, mit einer berechtigten Stoßrichtung gegen Prügelpädagogik, Drill und Zensurenmanie und einer fragwürdigen Haltung gegen Technik und Wissenschaft, gegen die lebensferne Kopfschule. Die reformpädagogische Bewegung enthielt verschiedene Strömungen: für Schulgemeinden und Landerziehungsheime, für Kunsterziehung und Volksbildung, für Arbeitsschule und Sozialpädagogik. Schule als Lebensform war die Parole. Andererseits ging es um die Um- und Neugestaltung pädagogischer Einrichtungen. Auf den letzteren Aspekt möchten wir nun näher eingehen und einige Beispiele anführen.

Aus dem Gedankengut Maria Montessoris (1870-1952) entstanden nicht nur didaktische Materialien, sondern wertvolle Vorstellungen zur Ausgestaltung von Lebensräumen von Kindern. Sie beschreibt wie folgt: „Intellektuelle Neugier, Spannung und Entdeckung erfordern eine kontinuierliche Interaktion zwischen Kind und Umgebung" (Montessori, M. 1909, 47 in Dreier 1999, 35 ff.). Sie schaffte eine kindgerechte Umgebung mit kleinen Möbeln, ganz abgestimmt auf die Bedürfnisse der Kinder (Dreier 1999, 36).

Peter Petersen (1884-1952), der die Schule als Lebensgemeinschaft sieht, in der in verschiedenen Gruppen selbstständig gelernt wird, schlägt sogar eine Umgestaltung der Klassenzimmer in „Schulwohnstuben" vor. Tische und Stühle statt Schulbänke ermöglichen mehr Selbständigkeit und Flexibilität . Für eine positive Entfaltung des Gemeinschaftslebens setzt er als räumliche Bedingungen Möglichkeiten wie: „ein integrierbares Außengelände, einen einladenden Eingangsbereich, große Pausenflächen, großzügig gestaltete Flure und Aulen, und die Möglichkeit des individuellen Rückzugs und Entspannens" (ebd., 35). Die Schulwohnstuben sollen die „beste unterrichtliche Reizwelt" sein (ebd., 35).

Als weiterer Vertreter muss an dieser Stelle Rudolf Steiner (1861-1925) genannt werden. Er gilt als Begründer der Waldorfschulen und hat schon sehr früh erkannt, dass eine Verbindung zwischen Räumen und Menschenbildung existiert. „Architekturformen gestalten – bis tief in Leib, Seele und Geist hinein – das Kind und den jungen Menschen; in ihnen wirkt der lebendigmachende Geist" (ebd., 15). Steiner kämpft zudem gegen den rechten Winkel und beschäftigte sich mit der Farbenlehre. Waldorfschulen, die jetzt schon seit über 70 Jahren gebaut werden, sind sofort erkennbar an ihren gewölbeartigen Bauformen, kathedralisch aussehenden Sälen und nach einer ausgewählten und abgestimmten Farbgebung der Klassen und Mehrzweckräume.

2.4 Die "Reformwelle"

Eine weitere „Reformwelle" war in der Zeit zwischen den Weltkriegen. Sie wurde in Deutschland vom Staatsumsturz 1918 ausgelöst. Nach diesem Jahr fehlten im Lesebuch Geschichten vom Kaiser und seiner Familie. Die Verbindung zwischen Schule und Kirche wurde aufgelockert durch die Abschaffung der Staatskirche und der kirchlichen Schulaufsicht. Der Schulkampf begann. Für die Elementarausbildung der Kinder des Bürgertums waren noch im Kaiserreich Hauslehrer, Privatschulen oder Vorschulen zuständig. Diese wehrten sich ganz besonders, als durch den „Weimarer Schulkompromiss“ die Einheitsschule durchgesetzt wurde. Von nun an gingen alle Kinder, egal aus welcher Bürgerschicht stammend, gemeinsam in Schulklassen. Es wurde ein Stück mehr Gleichheit erreicht. Viele Reformer gründen eigene Schulen.

Um 1939 wurde in vielen Städten das Volksschulwesen vereinheitlicht, an die Stelle der traditionellen Bekenntnisschulen trat die „Deutsche Volksschule“. Im Bombenkrieg wurden sehr viele Schulgebäude beschädigt oder sogar völlig zerstört. Die gesamte Verwaltung war zusammengebrochen. Es kam zu einem Rückfall in die „Kasernenhof-Methodik“. Schulen wurden wieder aufgebaut an ausgedienten Kasernen, mit Kasernenhöfen, hatten Militärcharakter. Der Lehrer hatte einen „Führungsauftrag“ zu erfüllen, „eine zum Teil oberflächliche, zum Teil aber auch unter die Haut gehende völkische und rassische Uminterpretation traditioneller Unterrichtsinhalte und Lehrformen, andererseits eine feste Einbindung der Schule in den politischen Apparat und zugleich ein versteckter Konkurrenzkampf zwischen Schule und Jugendarbeit, den die Schule häufig verlor“ (Meyer 1989, 76; vgl. 1999).

In den ersten Nachkriegsjahren wurden im westlichen Teil Deutschlands die förderalistischen Traditionen der Weimarer Zeit wiederaufgenommen. Im Osten findet sogar ein Umbau des Bildungswesens auf der Grundlage der Sowjetpädagogik statt. Dies bedeutete eine Einheitsschule mit polytechnischem Unterricht. Der Unterricht wurde unter strengen disziplinarischen Vorschriften abgehalten, meist in Lernstätten, die nichts Ästhetisches ausstrahlten, sondern eher an den Krieg und seine Zerstörungen erinnerten. „Die Kinder, die oftmals Familienmitglieder im Krieg verloren hatten, waren von grausamen Erlebnissen wie traumatisiert. „Verinnerlichungen von Verhaltensnormen und anderen Außentatbeständen vollzogen sich vielmehr mit der Tatsache, daß die Kinder mit sich allein fertig werden mußten und sich allein erziehen mussten. Es war also auch eine Art von ‚Selbstsozialisation‘, und zwar durch Eigensteuerung. Kinder mussten eine Menge Kompetenz entwickeln, und das führte wohl auch zu einem gewissen Selbstvertrauen“ (Rolff & Zimmermann 1990, 46). Die Schulhäuser werden von einer Lehrerin der damaligen Zeit wie folgt beschrieben: „Die Schulhäuser, in die ich geschickt wurde, stammen samt und sonders aus frühen Jahrzehnten ... Renoviert wurde in dem Jahrzehnt zwischen 1940 und 1950 überall ganz sicher nur das Allernotwendigste." (Hildegard Bolle 1997, 237) Vieles musste vernichtet werden, z.B. Landkarten mit den Grenzen des dritten Reiches, Schulbücher, Liederbücher usw. (vgl. ebd.).

Über die äußeren Schulverhältnisse wird weiter berichtet: „Im Schulhaus selbst fehlte es an allem. Das Haus war ein alter, primitiver Bau. Es gab getrennte Plumsklos. Von Wasserspülung und Wasserleitung keine Spur" (ebd., 289). Sahm Kreszenz beschreibt das Schulhaus als Blockhaus in einem Biergarten, wo in guten Zeiten Bier ausgeschenkt wurde. „Ein grober, rauer Bretterboden quietschte bei jeder Bewegung. Schmale Fenster ließen etwas Licht herein. Eine einfache Lampe hing von der Decke in der Mitte des etwa 25 qm großen Raumes. Ein schmaler, hoher Kachelofen stand an der Wand. Die 10 Bänke stammen aus der Jahrhundertwende – faseriges Holz bei Pult und Klappsitz. Keine Bücher, kein Papier" (ebd., 290).

2.5 Die Nachkriegszeit

Jede Architektur, so auch der Schulbau, unterliegt mit der Zeit gehenden Veränderungen und gilt als erkennbares Spiegelbild unserer Gesellschaft. Um das 19. Jahrhundert galten Ruhe, Würde, Kraft und Autorität als entscheidende Gütekriterien. In Zukunft sieht dies etwas anders aus. „Irritation, Spaß, Illusion" treten nicht nur von Seiten der Nutzer, sondern auch von den Architekten oft in den Vordergrund (Rittelmeyer 1994, 78). Wie in Rittelmeyers Bericht über die zeittypischen Wandlungen im Schulbau beschrieben, werden Schülerwünsche erst seit einer sehr kurzen Zeit, seit etwa 40 Jahren ermittelt. In den Nachkriegsjahren begann man über Bedürfnisse von Schülern und Schulbau zu schreiben und hielt Folgendes dazu fest: „In den fünfziger und sechziger Jahren fallen z.B. Begriffe wie Rationalität, Licht, Luft, Angebotsflexibilität, Bestimmtheit, lockere Bauweise, Einfachheit, Wirtschaftlichkeit, Klarheit, Ordnung, Überschaubarkeit, Sauberkeit, Zweckbestimmtheit und Modernität auf" (Rittelmeyer 1994, 79).

In den siebziger Jahren schien dann allerdings die schlimmste Zeit im Schulbau angebrochen zu sein. Gesamtschulhäuser wurden gebaut.

Man versuchte in solchen Bauten, das soziale Miteinander und eine rege Kommunikation zu fördern. Markant für diese Zeit waren die fensterlosen Schulen. In der „Bauwelt" von 1975 wird sogar folgender Satz über die Abbildung einer Schule geschrieben: „Natürlich gibt es Fenster in der IGS... aber das Tageslicht, das eindringt, ist gewissermaßen Abfallprodukt sogenannter Sichtbänder. Die Planer wußten, dass eine demokratisch gerechte Ausleuchtung mit Hilfe des Tageslichtes nicht zu erreichen ist. Nicht bei dieser Kompaktbauweise" (Steuerwald 1975, 201). All das zeigt, dass die Experten nicht immer wirklich die Nutzerbedürfnisse mit ihren Bauten deckten.

Heutzutage wird mehr Rücksicht auf die tatsächlichen Bedürfnisse der Kinder genommen. Anhand vieler Untersuchungen und Befragungen werden die Kinder und Jugendlichen aktiv an der Planung beteiligt. Der Trend im Schulbau geht sogar schon in eine andere Richtung. Flutüberschwemmende Anregungen für die Sinne sowie moderne, kühle Bauten, mit viel Beton und Wellblech und individualisiertem „Kunst am Bau" lassen anfragen, wann endlich alle am Bauprozess Beteiligten nach Interesse und Bedürfnis der späteren Nutzer planen (vgl. Rittelmeyer 1994, 81).

2.6 Schulbau heute

Der Schulbau von heute unterscheidet sich ganz gravierend von dem früheren. Nicht selten wird im Vorfeld ein pädagogisches Konzept festgelegt, auf dem die Architektur fußt. Die einzelnen Räume lassen sich auch je nach Konzeption variabel nutzen. Manche Raumstrukturen sind nach dem Einzug sogar umzufunktionieren und können dadurch multifunktional werden. „Im Kern jedoch ist die Architektur einer Schule eine Vorgabe, die die pädagogische Arbeit auf Jahrzehnte hin beeinflußt" (Faust-Siehl 1996. 200). Die Architekten haben deswegen große Verantwortung und müssen zum Gespräch mit dem späteren Nutzer bereit sein.

Beim Schulbau darf man nicht zu sehr auf die Preiswertigkeit schauen, jeder Mensch verbringt im Durchschnitt immerhin Tausende von Stunden in diesem Haus, da sollte der Aspekt der Ästhetik doch ein wenig höher geschrieben werden und nicht nur auf die Funktionalität geschaut werden. Nicht das, was funktional und technisch gut ausgestattet ist, ist ästhetisch und zum Wohlfühlen!

Beim Schulbau heute sollen sich die Kinder am Bau erfreuen, sich dort wohl fühlen, sich mit der Lernumgebung identifizieren und von einer „angenehmen“ Architektur profitieren. Dieser Prozess kann sich nur vollziehen, wenn die Schüler am Bau mitwirken können, ihre Ideen vortragen dürfen und genug Freiraum zur Selbstgestaltung offen bleibt, so dass eine vollständige Inbesitznahme des Gebäudes und der Umgebung auch noch zu einem späteren Zeitpunkt möglich wird.

Aus der integrativen Pädagogik leitet sich zudem ab, dass jeder Schulbau behindertengerecht konzipiert sein muss, so dass jeder behinderte Mensch die Möglichkeit hat, alleine das Gebäude zu erkunden und zu nutzen (vgl. Day & Dieckmann 1995).

2.6.1 Baugelände, Lage, Beschaffenheit und Anbindung

Wenn der Beschluss steht, eine Schule zu bauen, muss versucht werden, für diese Bildungsstätte einen passenden Standort zu finden. Der Schulträger mit seinen Beschlussgremien, Stadtrat oder Kreistag sind in der Regel dafür verantwortlich. Sie suchen geeignete Großflächen aus, die entweder zum Verkauf stehen oder der Gemeinde bzw. dem Dorf gehören.

Nach Verwaltungsvorschrift des Ministeriums ist „für die Errichtung des Schulgebäudes und der Schulanlage wie insbesondere Pausenhof, Sportstätten, Pausenhalle, Freifläche ist – ohne Berücksichtigung der Freianlagen für den Schulsport – eine Geländefläche von ca. 20 m^2 je Schüler erforderlich. In Ausnahmefällen, insbesondere innerhalb bereits bebauter Gebiete, kann ein geringerer Geländebedarf zugrunde gelegt werden" (Kultusministerium 1996 N. 6 298).

Fakt ist, wie Nachforschungen feststellen ließen, dass der Architekt keinen Einfluss auf das Baugelände hat und nur in Ausnahmefällen zum Standort befragt wird bzw. sogar ein Mitspracherecht hat. Er hat sich vielmehr, nachdem ein Grundstück festgelegt wurde, in seinen Entwürfen anzupassen. Daher ist den Architektenforderungen wie „Bei der Standortfrage sollte auf politischer Ebene mehr Bewusstsein entwickelt werden“ (Busmann Interview vom 12. August 1999), oder „Nächstes Mal soll ein Standort ausgesucht werden, der nicht so frei liegt, sondern eher von Emission geschützt ist" (Bingen Interview vom 15. Juli 1999), nichts entgegen zu setzen.

Um nicht im Voraus der Schule einen kritischen Standpunkt zu geben, sollten folgende Fragen von den Verantwortlichen unbedingt diskutiert werden:

- Ist das Gelände von seiner Beschaffenheit und Struktur geeignet?
- Kann die Schule an dieser Stelle gut in das Dorf oder die Stadt integriert werden?
- Wie ist es mit der Lärmemission; sind ein Flugplatz, ein Bahnhof, eine Autobahn oder eine Schnellstraße in der unmittelbaren Umgebung?
- Werden die Sinne aller Beteiligten durch die Umgebung angeregt oder gar eingeschränkt?

Von der Lage sollte das Baugelände gut erschlossen sein, damit es problemlos von Bussen und anderen Fahrzeugen erreicht werden kann. Als vorbildhaft wird gesehen, nach Möglichkeit das Schulhaus in der Dorfmitte oder Stadtmitte zu errichten; dadurch kommt eine direkte Integration des Gebäudes in das Dorf oder die Stadt zustande. Auch kann es in dieser günstigen Lage als Bildungszentrum für Erwachsene und Freizeitraum für Kinder besser genutzt werden.

Von der Beschaffenheit her sollte es ein großes Grundstück sein, das Emissionen standhält. Es sollte auf keinen Fall ein Hochwasser gefährdetes Gebiet sein. Es sollte ein fruchtbares Stück Land sein, auf dessen großflächigem Gelände sich die Kinder wohl fühlen und Möglichkeiten zu vielfältigen Nutzungsmöglichkeiten wie z.B. problemloses Anlegen eines Gartens oder Teiches eröffnen.

Die Anbindung an ein Wohngebiet ist sehr wichtig. Erst dann kann eine vollständige Integration der Schule vollzogen werden. Die Öffnung der Schule wird erleichtert. Die Schüler benötigen diese Anbindung, um nicht das Gefühl zu haben ausgestoßen zu sein. Gerade in den 70er Jahren war der Trend gegeben, ganze Schulkomplexe nach außen zu verlagern. Aber warum? In die Schule geht jeder Mensch mindestens 9 Jahre seines Lebens, warum soll die Institution nicht als Teil des Lebens integriert werden? Ist es notwendig, sie irgendwo außerhalb in Randlagen zu errichten?

2.6.2 Der richtige Architekt

Wie sollte ein guter Architekt sein und wie und wo findet man ihn? Ganz einfach und problemlos ist das sicher heutzutage nicht. Die gewünschte Eigenschaftsliste und das Anforderungsprofil haben sehr hohen Anspruch. Er oder sie sollte erst einmal ideenreich und kreativ sein und zudem am besten noch Vater oder Mutter von Grundschulkindern, dadurch entsteht von Beginn ein besonderes pädagogisches Interesse. Selbstverständlich sollte es sich um einen Bauexperten handeln, „ ... der den Zweck von Schule, die Ermöglichung von Bildung, in eine funktional und ästhetisch überzeugende Form zu übersetzen versteht, mit der sich die Kinder, Eltern und Pädagogen identifizieren können“ (Dreier et al. 1999, 149).

Der Architekt sollte nicht jemand sein, der versucht mit allen Mitteln seine persönlichen Interessen durchzusetzen. Es ist seine Aufgabe, als Anwalt der Schüler, Lehrer und Eltern etwas nach deren Vorstellung und vor allem nach deren Bedürfnis zu kreieren. Von dem Moment an, wo er engagiert wird, gilt er als ein Partner, der einen Auftrag zu erfüllen hat. Damit dies gelingt, sind Gespräche mit allen Beteiligten notwendig. So sollte also ein guter Architekt sein, aber wie findet man ihn oder sie? Wir sind dabei folgendermaßen vorgegangen:

1. Wir haben Architektenzeitschriften angeschrieben und uns nach neuen Schulprojekten und Bildungsbauten erkundigt.
2. Sodann haben wir nach Kriterien für Schulgebäude der Zukunft (Walden 2000) innovativ und ganzheitlich arbeitende Architekten angeschrieben oder aufgesucht und ein Gespräch geführt.
3. Schließlich haben wir ausgewählte Projekte besichtigt.

Wer diesen Weg nicht einschlagen möchte, kann auch gemeinsam mit einem im Voraus ausgewählten Architekten Schulbauten, die ansprechend scheinen, anschauen bzw. erkunden und sich realitätsnah zeigen lassen. Anregungen dieser Art sind gewinnbringend. Es entsteht dann in Gemeinschaftsarbeit ein Konzept.

2.6.3 Architektenwettbewerbe

Eine andere Möglichkeit wäre, sich bei anderen Schulen, die gerade im Bau sind, über Architekten zu erkundigen. Wer aber gleich zwischen Entwürfen und Konzepten auswählen möchte, lobt am besten einen Wettbewerb aus. Architektenwettbewerbe bringen einige Vorteile mit sich. Hauptgrund für die Ausschreibung ist, dass der Bauherr sich unter vielen Entwürfen den besten heraussuchen kann und das für relativ geringe Kosten. Das Preisgeld für den ersten Preis geht meistens nicht über 13.000,- EURO hinaus. Ein weiterer Vorteil: Beim Stattfinden eines Wettbewerbes wird das ganze Dorf bzw. die ganze Stadt aufmerksam auf das Vorhaben, es wird großes Interesse gezeigt und das nicht nur vom örtlichen Schulamt oder den Baubehörden, sondern auch von Lehrern, Eltern, Schülern und der Presse.

Nachwuchskandidaten können hier oft genau so antreten wie etablierte Experten. Dies ist allerdings dann nicht möglich, wenn der Wettbewerb von Vornherein per Einladungen ausgeschrieben wird; so haben nur „Auserwählte" eine Chance und nicht eine Reihe Jungarchitekten, die bis dahin noch nicht in Erscheinung getreten sind, zumal diese ohne Teilnahme an Wettbewerben kaum die Möglichkeit haben, ein großes öffentliches Gebäude zu entwerfen und durch eventuellen Erfolg entdeckt zu werden.

Andererseits muss es nicht heißen, dass eine bessere und schönere Schule entsteht, wenn ein solcher Wettbewerb ausgeschrieben wird. Wer an einem Wettbewerb teilnimmt, steht nicht im direkten Verhältnis zum Auftraggeber und hat dadurch keinen Gesprächspartner. Oft sind die Forderungen und Wünsche bei den Wettbewerbsverfahren nur sehr knapp formuliert; dadurch kann geschehen, dass die Planung vielleicht schön und praktisch ist, aber vor Ort keinen Gebrauchswert zeigt.

Problematisch wird es auch, wenn im Preisgericht Personen sitzen, die im Bereich der Pädagogik inkompetent sind und von ihrem Wissens- und Erfahrungsstand gar nicht beurteilen können, ob das Konzept kindgerecht und lernfördernd ist. Zusätzlich werden dann ein Dutzend von Konzepten an einem Tag durchgesehen um anschließend eine Entscheidung zu treffen, wer behält da wohl noch den Überblick? Wenn die Jury entschieden hat, hat dann die Schule selbst oder der einzelne Mitbürger überhaupt noch ein Mitspracherecht? Bedingung muss hier sein, dass die Pädagogen, Eltern und Schüler, also die unmittelbar Betroffenen, einen Einfluss auf die Entscheidung ausüben können.

2.6.4 Pläne, Beschlüsse, Raumplanung, Richtlinien

Die Pläne oder Entwürfe werden meist durch einen Wettbewerb oder einen konkreten Auftrag vergeben. Als Sachverständige gelten: Landschaftsarchitekten, Ministerialräte, Beauftragte der Schulentwicklungsplanung, Oberstudiendirektoren, Regierungsschuldirektoren, Umweltbeauftragte, Beauftragte vom Schulverwaltungsamt, der Kirchengemeinde und andere Gäste, die den Plan auf seine „Tauglichkeit" hin prüfen.

Wenn es sich um einen Wettbewerb handelt, ist der Auslober vor Ort. Das ist in den meisten Fällen die Stadt, und ein zur Beurteilung unabhängiges Preisgericht, das sich aus Fach- und Sachpreisrichtern zusammensetzt. Nach festgelegten Beurteilungskriterien werden Beschlüsse gefasst. Vorprüfungen zur Tauglichkeit der Pläne werden von der Stadtverwaltung, dem Stadtplanungsamt, dem Amt für Bauverwaltung, dem Bauordnungsamt, dem Hochbauamt, dem Grünflächenamt, dem Landeskirchenamt u.a. absolviert. Den Beschluss, einen Plan anzunehmen, fällt jedoch das Preisgericht. Wenn es sich nicht um einen Wettbewerb handelt, entscheidet ein Gremium aus Schulbeauftragten, Elternbeauftragten und Kreisstadtpolitikern.

Die Architekten müssen sich bei ihrer Planung an bauaufsichtliche Richtlinien halten. Diese Baurichtlinien werden vom Ministerium in einer strengen Ordnung festgelegt. In einem amtlichen Teil „zum Bau von Schulen und Förderung des Schulbaus" finden wir die von staatlicher Seite aus geltende Richtschnur, an die sich die Architekten anlehnen müssen. Wird sie von den Architekten überschritten, tritt die Versicherung nicht in Kraft.

VII. Die Schule als Schnittpunkt zwischen Architektur und Pädagogik

Für die Schulträger und Architekten gibt es einfache Lösungswege, fertige Konzepte, am Bedarf orientierte Bauten, kostengünstige Bauweisen und oftmals – gerade bei Renovierungs- oder Erweiterungsmaßnahmen – bauliche Anbindungen, die optische Passung als vordergründig sehen. Gestalterische Aufmerksamkeit ist offensichtlich gegeben; Architekten, Beschlussgremien und zuständige Behörden verweisen in ihren Kommentaren auf die Abrundung des baulichen Komplexes und auf die mit Sorgfalt bedachte Einbettung in die städtebauliche bzw. gemeindliche Gesamtkonzeption. Das äußere Profil kann somit seine Stimmigkeit erhalten.

Wichtiger jedoch ist das Innere des Schulgebäudes; die Räume mit ihren Maßen, mit Bodenbelag, Decken und Fenstern, mit Wänden und Möblierung schaffen ein individuelles Profil, das bedeutsam für das Gelingen unterrichtlicher Abläufe ist. Genügend Raum gewährleistet die bedürfnisgerechte Ausstattung des Klassenraumes als Erfahrungs-, Lern- und Lebensort.

Auf diese Bedürfnisse, auf die Belange und die Lebenssituation der Kinder und Jugendlichen von heute einzugehen, ist eine spezifische planerische Vorgabe. Einbezogen in diese Bedarfsliste sind ebenfalls Fachräume, Treppenaufgänge, Flure, Aula oder Mehrzweckraum, Eingangsbereich und Hofpartien und weitere räumliche Details. Kinder sind demzufolge nicht nur Adressaten und Nutzer der Räume, sondern Besitzer „auf Zeit" und Bewohner; sie haben hier ihr Zuhause, ihren Wirkungsbereich und ihren „Arbeitsplatz". Zielsetzungen für den Architekten sind Wohnlichkeit, Wohlbefinden und Annahme des Geschaffenen durch die Kinder.

Daraus resultieren Lernfreude, Leistungsbereitschaft und erfolgreiche Lernverfahren. Es gilt hinein zu horchen in die unterrichtlichen Arbeitsweisen und sich darüber zu verständigen, wie Lernprozesse verlaufen und wie sich öffnender Unterricht, in dem die Schülerpersönlichkeit großes Gewicht hat und sich in Formen der Beteiligung einbringt, entfaltet.

Wie können Schulräume diese Prozesse fördern und anregungsreich unterstützen? Werde ich den unterrichtlichen Anforderungen gerecht? Erkenne ich Hemmnisse? Diese Fragen lösen Architekten dann eher, wenn sie den Kontakt zu Schülern und Lehrpersonen suchen und intensivieren, wenn sie Einblick nehmen in die heutige Bedürfnislage. Beide Seiten müssen mehr voneinander wissen; Architekten und Pädagogen rücken näher und suchen gemeinsame Schnittpunkte ohne Berührungsängste. Dies ist wegweisend auch für die kommenden Jahre; Ausgangs- und Orientierungspunkt ist der Schüler; Triebfeder sind die pädagogischen Leitgedanken und die Erfordernisse zeitgerechter Lernprozesse. Diese unterliegen einem ständigen Wandel und einer Fortentwicklung. Pädagogisches Feingefühl darf den Architekten nicht abhanden kommen; Standardausführungen sind nicht mehr gefragt.

Wie sehr Architekten auf diese Forderungen eingehen und sich in schulische Sach-, Methoden- und Sozialkompetenz herantasten, bestätigen unsere Interviews. Die Planer führen nicht nur oberflächliche Kontakt- und Austauschgespräche in der Schule, sondern befragen die Schüler, die Lehrer, die Vertreter der Elternschaft und ggf. des Fördervereins sehr intensiv, mit Neugierde, mit Ernsthaftigkeit und persönlichem Zugewinn.

Sehr beeindrucken konnte z.B. Architekt Busmann, der im Schwimmbad der Sonderschulen in Wiehl-Oberbantenberg (Foto, Anhang) eingriff und den Hebekran zum Eintauchen der Körperbehinderten vergessen machte. Er schuf eine Badelandschaft mit leicht abfallendem Strand, so dass die Behinderten mit „wasserfesten" Rollstühlen ins Wasser hineinfahren können und sich zwangloser bewegen, sich ihre Wassertiefen und Bereiche im Wasser selbst auswählen können. Sie fühlen sich erheblich wohler, und zudem hat das Schwimmbad seine klinische, rechtwinklige Basisform verloren. Busmann hatte zuvor in den Schule hospitiert, mehr noch: Er hatte seine Badehose mitgenommen und ein „Arbeitsschwimmen" organisiert. Er war „Betroffener und Beteiligter" und fand mit planerischer Energie diesen neuen Weg, den er als „menschenwürdiger" bezeichnet.

2.6.6 Partizipation und Beteiligungsformen

Es gab in den 60er Jahren Anstöße in der Architektur, das starre Rechteck bzw. Quadrat der Klassenräume aufzubrechen dergestalt, dass Nebenarbeitsräume hinzugefügt wurden, um Gruppenarbeit oder Differenzierungsmaßnahmen zu ermöglichen. Ziel ist es eine anregungsreiche Lernumwelt in Griffnähe zu schaffen, die ein Zuhause für die Kinder bietet und ebenso ein Rückzugsort für die Klasse darstellt, in dem neuzeitliche Unterrichtsformen problemlos durchgeführt werden können. Damit dies gelingt, müssen Vorschläge und Ideen von Pädagogen und Schülern berücksichtigt werden. Dies ist auch ganz wichtig, da nur durch diesen Prozess eine Identifikation mit der Klasse bzw. mit dem Schulhaus stattfindet.

Kritikpunkt vieler Schulen sind oft die Eintönigkeit und Enge der Flure, hier müssen Lösungsansätze gefunden werden. Der Flur muss einladend als Nische, als Ausstellungsecke, auch als Außenstation bei differenzierenden Lernverfahren genutzt werden. Er soll nicht nur als Bewegungsfläche dienen, sondern auch als unterrichtlicher und kommunikativer Bereich. Wenn die Schülerzahlen zurückgehen, wie demographische Faktoren belegen, werden Räume zur Disposition stehen. In diesem Fall steht die Innenstruktur auf dem Prüfstand. Unter „Schulen der Zukunft“ fallen auch diese Umbaumaßnahmen, die finanziell jedoch Schwierigkeiten bereiten, da die öffentlichen Geldgeber die Notwendigkeit nicht erkennen. Ein gewisser Druck entsteht jedoch durch die Eltern und die Schüler. Anregungen von deren Seite beziehen sich meist auf die Neugestaltung des Schulhofes oder des Außenbereichs. Oft werden Äußerungen wie „Wir wollen einen Schulgarten!“ oder „Wir wollen einen Teich!“ lauthals gerufen. Dies sind Vorschläge, die angehört werden müssen. Ein sympathischer Vorschlag findet sich bei Dreier et al.: „Wir schlagen deshalb vor, wenigstens 10% der Bausumme zur Verwendung nach Fertigstellung des Gebäudes zu reservieren und der Schule zur freien Verfügung zu stellen, damit auch während der ersten Nutzungsphase noch Nachbesserungen und nutzergerechte Veränderungen möglich werden“ (Dreier et al. 1999, 106). Das Dilemma der begrenzten Finanzen sollte pädagogische Initiativen nicht stoppen, sie sind von großem Vorteil für alle Nutzer.

Unter Beteiligungsform versteht man Mitwirkung. Mitwirkung kann von Seiten der Lehrer, der Eltern, der Schüler, aber auch von Fördervereinen, Nutzern oder Kulturträgern kommen. Man muss hier unterscheiden zwischen

- der Beteiligung am Planungsprojekt,
- der Beteiligung während der Bauausführung,
- und der Beteiligung nach der Gebäudeübernahme bzw. dem Einzug.

Der Nutzer strebt heute nahezu nach Beteiligung, doch am Planungsprojekt selber hat die einzelne Stimme kein Mitspracherecht. In den meisten Fällen ist es so, dass der Architekt seinen entworfenen Bauplan dem Bauherrn überreicht und die Arbeiten beginnen. Die Beteiligung durch Nutzer während des Baus ist hier in Deutschland kaum aktuell. Auf ein bekanntes positives Beispiel sei an dieser Stelle verwiesen: In der Evangelischen Gesamtschule Gelsenkirchen-Bismark dürfen die Schüler/-innen ihre Schulhäuser nach sach- und fachgemäßer Anleitung selber bauen. Dieser Baueinsatz hat nur positive Seiten, da die Kinder auf der einen Seite handwerklich geschult werden und sich auf der anderen Seite positiv mit dem Bau identifizieren. Aus Mitbeteiligung soll Mitverantwortung entstehen – denn die Menschen hüten, was Ihnen gehört (Kleinau-Metzler 2001, 741). Beteiligung nach Bauübernahme finden wir in zahlreichen Beispielen vor. Diese vollzieht sich in den meisten Fällen in Projektwochen oder im Kunstunterricht und kann von der Außengestaltung bis hin zur Klassenraumverschönerung reichen.

Beteiligung durch Schüler. – Schüler können an zahlreichen Bereichen mit ihrer Arbeitskraft und Kreativität mitwirken. Angefangen am Außengelände kann von den Kindern ein Schulgarten geplant, angelegt und gepflegt werden. Es können Blumenbeete oder Kräutergärten bepflanzt werden. Der Eingangsbereich kann mit Bildern oder anderen Gegenständen, die die Kinder im Kunstunterricht selbst hergestellt haben, ausgeschmückt werden. Am Schulhaus selbst wird es schon schwieriger, aber dennoch können Fassadenteile z.B. im Pausenhallenbereich von den Kindern farblich gestaltet werden. Im Schulhaus gibt es gleich mehrere Möglichkeiten, es wären zu nennen:

- Ausgestaltung der Flure mit Bildern,
- Gestaltung der Klassenzimmer mit Bildern und Pflanzen,
- Gestaltung von Mehrzweckräumen oder Fachräumen.

Beteiligung durch Lehrer. – Inwiefern mitgewirkt wird, hängt sehr stark von den einzelnen Lehrpersonen ab und deren Persönlichkeit. Schon während der Planung wird das Projekt im Lehrerkreis vom Architekten und dessen Mitarbeitern vorgestellt. An einigen Stellen, abgesehen von Statik und offiziellem Raumprogramm, deutet der Architekt an, dass noch Variationen möglich sind. In der Aussprache kommen Aspekte zum Tragen, die sich auf tägliche Abläufe beziehen. Genannt werden können hier Verbindungstüren, Trennwände, die Breite der Flure, das Anbringen der Wandtafeln, das Einbauen von Vitrinen und Schränken. Oft ist es auch so, dass in Gesamtkonferenzen Leitgedanken vorgetragen und entwickelt werden, die „unsere" Schule im Blick haben. In solchen Fällen ist es üblich, dass besonders engagierte Lehrpersonen in eine Projektgruppe berufen werden, in der sie sich mit der weiteren Ausgestaltung des Gebäudes befassen. Als sinnvoll erweist sich, dass Vertreter der Schülerschaft und Elternschaft in dieses Gremium hinein stoßen. Beratende Mitglieder könnten der SchulleiterIn, der Schulträger und ein Vertreter des Architektenbüros sein.

Die Lehrer würden es sehr begrüßen, wenn die sogenannten Gelder für „die Kunst am Bau" in Reserve gehalten werden könnten für die jetzt anstehende Wunschliste. Oft sind die Brunnen und Skulpturen von herbeigerufenen Künstlern nichtssagend, manchmal sogar fremdartig und fehl am Platz, weil die Kinder keinerlei Bezug und Zugang zum Objekt haben. Auch Rittelmeyer schlägt vor, die Schulgemeinde mitbestimmen zu lassen und die Mittel „Kunst am Bau", „zumal unter diesem Stichwort häufig ein unsäglicher Unfug betrieben wird" (Rittelmeyer 1999, 2) zeitlich zu strecken und sachkundlich einzusetzen.

Oft sind die Hinweise der Lehrkräfte sehr beachtlich, wenn sie auf die Ausgestaltung des Eingangs, auf Ausstellungsflächen (Vitrinen), auf Raumteiler, auf Deckenschmuck und vor allem auf Ruhe- und Spielzonen im Außenbereich hinweisen. Hinweise auf einen Radparcours, auf einen Schulgarten, auf Streuobstwiesen, auf einen Schulweiher und auf Strauchpartien, die die Abgrenzung des Geländes darstellen sollen, kommen auch meistens von Seiten der Lehrer.

Beteiligung durch Eltern, Fördervereine, Kulturträger. – Der Elternbeirat wird im Beisein des Schulleiters und des Schulausschusses Anregungen zum Vorhaben in den verschiedenen Phasen abgeben. Oft wird z.B. vorgetragen, dass die Eltern bei der Schulhofgestaltung selbst Hand anlegen wollen. Auch zeigen sie reges Interesse an der Gestaltung des Bushalteplatzes. In Dörfern, so haben wir es in meiner eigenen Gemeinde erfahren, wollen Väter von Schulkindern ein Buswartehaus aufrichten. Auf der Wunschliste von Elternseite aus stehen weiterhin Bühnenelemente fürs Laienspiel, für Arbeitsgemeinschaften, Chor, Gitarre oder Tanz. Ernst zu nehmen sind sicherlich die Anregungen, anstatt exotischer Sträucher, heimische Obst tragende Bäume zu pflanzen. Wenn solche Anregungen nicht zu spät genannt werden, finden sie sicherlich Anklang beim Schulträger und sind zudem kostengünstig. Wichtig ist auch, dass die Anregungen und Vorschläge protokolliert werden und dem zuständigen Adressaten zugestellt werden.

Der Förderverein einer Schule, der sich in der Regel aus Eltern, Ehemaligen, Nutzern und Personen, die sich der Schule verbunden fühlen, zusammensetzt, nimmt sich in der Regel eines spezifischen Anliegens an: Finanzierung von Spielgeräten, Installation einer Bühne... Es handelt sich um Dinge, die im offiziellen Budget keine Aufnahme finden können. Auch die Kulturträger und Vereine der Gemeinde melden sich vor Ort. Hierbei geht es um die Mitbenutzung der Turnhalle, der Aula, des Mehrzweckraumes und des „Medienzentrums". Es ist so, dass der Schulträger die Interessen der Vereine in seine Aussagen einbezieht.

Natürlich läuft man Gefahr, dass es zu einem Wirrwarr der Meinungen und Vorschläge kommt; hier ist es wichtig, dass der Architekt „strategische Mitte" bleibt und ein Reduzieren der Wünsche anmahnt und vornimmt. Hier bewegen sich die Verantwortlichen auf der Schnittlinie zwischen „wünschenswert – pädagogisch wertvoll – finanzierbar – machbar – und verantwortbar".

2.7 Fazit

Nicht erst in der heutigen Zeit hat man begonnen, sich Gedanken um die Gestaltung von Schulen und Klassenräumen zu machen. Schon fast vor hundert Jahren beschäftigten sich Pädagogen mit der Wirkung von Schulgebäuden auf Kinder. Dargestellt wurden der Wandel und die sichtbar erkennbaren Unterschiede zur damaligen Zeit, die nicht nur das Aussehen vom Schulgebäude betrafen, sondern auch den Lerninhalt und die Lernatmosphäre schildern. Der Schulbau unterlag nicht nur zeitlich bedingten Veränderungen, sondern auch gesellschaftlichen Wandlungen. Wie beschrieben verbanden auch einige Vertreter der Reformpädagogik ihre pädagogischen Ideen mit der Schulhausgestaltung.

Zu bedauern ist allerdings, dass zur damaligen Zeit Schülerwünsche zum Aussehen und Gestalten des Schulhauses nicht gefragt waren. Eine gemütliche Lernatmosphäre zu schaffen muss nicht teuer sein, oft können schon kleine Details gravierende Veränderungen hervorbringen, aber für solche Sichtweisen war noch bis vor 40 Jahren kaum Verständnis aufzubringen!

Bei der heutigen Bauweise von Schulen sind vielfältige Faktoren von Bedeutung. Ganz gravierend sind die Unterschiede zu Schulbauten in früheren Zeiten. Oft fußt der Schulbau auf einem im Vorfeld festgelegten pädagogischen Konzept. Auch das Baugelände wird beachtet, da dieses die Außengestaltung im Nachhinein beeinflusst. Seine Lage und seine Beschaffenheit müssen für die spätere Nutzung geprüft sein. Die Anbindung an ein Wohngebiet ist ein weiterer Faktor; erst in diesem Fall kann eine vollständige Integration der Schule in die Gemeinde vollzogen werden. Um diese Wünsche zu erfüllen, muss erst einmal der richtige Architekt gefunden werden. Seine Aufgabe ist es, als Anwalt der Nutzer und deren Auffassungen ein möglichst allen Bedürfnissen nahe kommendes Schulhaus zu entwerfen. Um den passenden Architekten zu finden gibt es auch die Möglichkeit, einen Architektenwettbewerb auszuschreiben; dies hat nicht nur einen kostengünstigeren Vorteil, sondern öffnet auch jungen Nachwuchsarchitekten die Tür. Beim Bau hat der Architekt sich an viele Regeln und Richtschnüre zu halten, die vom Ministerium in einer strengen Ordnung festgelegt sind. Besonders bedeutsam ist jedoch, dass er/sie die späteren Nutzer in die Planung mit einbezieht. Geschieht dies, kann erstens kostenaufwändigen Fehlplanungen entgegengewirkt werden und zweitens erfolgt die Identifikation mit dem Schulhaus von selbst.

Dies ist beste Voraussetzung für die Akzeptanz des Schulhauses; erst jetzt können sich die Nutzer heimisch fühlen!

3 Schule der Zukunft: Bedingungen und Prozesse

3.1 Forderungen und Wünsche

Die Schule der Zukunft „wird es vielleicht nie geben, weil irgendetwas immer nicht stimmt, mal ist es die Architektur, mal sind es die Lehrer, ein andermal der Direktor oder die Schüler" (Kasper Interview vom 24. Juli 1999). Stimmt diese Einschätzung?

Von großer Bedeutung ist, dass die „Schule der Zukunft" mit positiven Eigenschaften verbunden wird. Wichtig ist die pädagogische Qualität von Lernumwelten. Durch eine ansprechende Raumgestaltung mit werkstattähnlichen Klassenzimmern und vielfältiger Materialauswahl sollen die Kinder angeregt werden, selbständig zu erforschen und zu erkunden. Es eröffnen sich den Kindern dadurch eine Menge Lern- und Aneignungsformen. Wichtig ist, dass die Sinne angeregt werden und den Kindern ein Spielumgang und Erfahrungsfeld mit den Elementen Erde, Wasser, Feuer, Luft ermöglicht wird. Ein aktives Auseinandersetzen mit der Umwelt ist wichtig, dies kann durch gestalterisches Arbeiten umgesetzt werden. Eine Mannigfaltigkeit an Materialien muss auch hier den Kindern zur Verfügung gestellt werden. Präsentations- und Ausstellflächen müssen im Schulhaus vorhanden sein. Aber nicht nur das zur Verfügung stehende Material, sondern auch generell die Einrichtung und Möblierung sollen ansprechend sein.

Die Schule soll nicht nur eine Stätte sein, in der man sich morgens zum Lernen aufhält, sondern auch seine Freizeit zum Spielen mit Freunden verbringen kann; so ist es wichtig, dass besonders das Außengelände vielfältige Anreize zur Bewegung hergibt. Positiv sind hier Freiräume zum Spielen und Toben, mit unterschiedlichen Bodenbelägen, Höhenunterschieden und ausgestattet mit Spielgeräten.

Schulen für den ganzen Tag stellen andere Ansprüche an den Architekten. Die Räume müssen vielfältige Funktionen erfüllen, die es den Kindern ermöglichen nicht nur im Außenbereich Bewegungsraum vorzufinden, sondern auch im Innenbereich Flächen zur Bewegung, des Entdeckens und des Ausruhens/ Rückzuges aufweisen.

Wichtig ist, dass die Schule als ein Ort der Gemeinschaft definiert wird; die Raumstruktur kann viel zu diesem Punkt beitragen. Ein Architekt entscheidet mit seinen Planungen über das Erleben von Gemeinschaft und Zusammenleben.

Eine „Schule der Zukunft“ muss behindertengerecht gebaut werden, dies gilt als ethischer Grundsatz und ist unverzichtbar. Dabei gilt es, an vielfältige Behinderungen zu denken. Rollstuhlgerechte Zugänge, breite Türen, Gehhilfen, Aufzüge und behindertengerechte WCs müssen einfach in jedem neuen Bau vorhanden sein.

All dies zeigt, dass eine Schule nicht nur funktional gebaut sein darf, sondern sowohl von pädagogischer wie auch von ästhetischer Seite vielfältige Qualitäten aufweisen sollte (vgl. Dreier et al. 1999).

Psychologische Prozesse. – Im Bereich der Schule, wie in jedem anderen Bereich auch, können psychologische Prozesse das Lehren, Lernen und Wohlbefinden der Menschen auf vielfältige Weise positiv, aber auch negativ beeinflussen. Zu diesen psychologischen Prozessen gehören Erregung, Anpassung, Stress, Ablenkung, Überlastung und Ermüdung, aber auch räumliche Bedingungen wie Licht und Beleuchtung, Farbe, Geräusche, Beheizung, Ventilation und die Einrichtung sowie die Möblierung der einzelnen Bereiche. Auf die räumlichen Bedingungen werden wir noch genauer eingehen.

Der Einfluss dieser Prozesse wird oft nicht genügend von den Verantwortlichen wahrgenommen und das, obwohl sie eine gravierende Auswirkung auf die Leistung der Schüler und Lehrer haben können. Im Schulbereich ergibt sich die Aufgabe, für alle Beteiligten eine anregungsreiche und möglichst optimale Lernumgebung zu gestalten. Dies ist eine schwierige Aufgabe, da in einem Schulhaus viele Menschen versammelt sind, die alle ein subjektives Empfinden, was Gestaltung, Form und Farbgebung angeht, entwickelt haben. Daraus folgt, dass es nahezu unmöglich erscheint, jedem Menschen eine perfekte Lernumgebung zu schaffen. Bei den Schülern ist dies meist einfacher und unproblematischer in ihrem eigenen Heim. Hier kann im Optimalfall ganz individuell eine anregungsreiche Lernumgebung geschaffen werden. Es lassen sich jedoch allgemein geltende Bedingungen beachten, die sich positiv auf das Leistungsverhältnis und das Schaffen einer angenehmen Lernumgebung auswirken.

Dazu gehören neben der Erzeugung eines sich im mittleren Bereich befindenden Erregungsgrades die vollständige Beseitigung von Stress- und Störfaktoren, welche zur Ablenkung und eventuellen Überbelastung führen können. Wenn es den Verantwortlichen gelingt, dies zu berücksichtigen, kann eine optimale Lernumwelt angesteuert werden. Zu erwähnen ist aber an dieser Stelle, dass eine perfekt geschaffene Lernumwelt keineswegs auch zu besseren Lernresultaten führen muss. Vielmehr tragen die kognitiven Fähigkeiten, die Leistungsmotivation, die Persönlichkeit des Schülers, die sozialen Verhältnisse zu Hause sowie andere Faktoren zu positiven Ergebnissen in der Schule bei.

Raumwahrnehmung. – Etwas wahrnehmen ist immer ein aktiver Vorgang. Ein Wahrnehmungsobjekt kann man nicht nur betrachten, sondern auch fühlen, riechen, schmecken und hören (Guski 2000). Unsere Sinne sind für die Wahrnehmung von großer Bedeutung, dies werden wir noch genauer im folgenden Abschnitt schildern. Doch diese Sinnesempfindungen müssen erst einmal in unserem Gehirn verarbeitet werden. Dadurch wird die raumzeitliche Ordnung ermittelt.

Eine Erwartungshaltung oder Einstellung ist stets mit jeder Wahrnehmung zu verbinden. Die Einstellung hat auf der einen Seite Einfluss auf den Inhalt der Wahrnehmung und auf der anderen ist sie Ergebnis von erlebten Erfahrungen. „Frühe Wahrnehmungsprägungen beeinflussen spätere Wahrnehmungsgewohnheiten" (Petermann & Menzel 1997, 61). Dies wurde allerdings bisher nur an Tieren nachgewiesen. Der Mensch sieht immer nur einen sehr kleinen Teil jedes Objektes, welches er als scharf betrachten kann. Um so größer das Objekt wird, je eingeschränkter wird sein Blick. Mit Blicksakkaden, sogenannten ruckartigen Augenbewegungen, tastet er das Wahrnehmungsobjekt erst einmal ab. Dadurch erfolgt die aktive Erschließung des Objektes. Durch diese „visuellen Abtastungsbewegungen" (vgl. ebd., 61) erhalten Forscher Ergebnisse darüber, wie es zu den verschiedenen Bewegungserlebnissen kommen kann. Je nach Objekt kann es zum Beispiel zu monotonen, abwechslungsreichen, geordneten oder chaotischen Bewegungserlebnissen kommen. Diese können sich sowohl positiv als negativ und im Extremfall als bedrohlich auf den Einzelnen bemerkbar machen. Es ist jedoch bis zum heutigen Zeitpunkt noch nicht herausgefunden worden, wovon dieses subjektive Erleben abhängig zu machen ist.

Wahrnehmung der Architektur mit unseren Sinnen. – Die menschlichen Sinne werden von der Architektur auf vielfältige Art und Weise angeregt. Jeder von uns sieht Raumformen und -farben, tastet Baumaterialien und Oberflächen, riecht diese, hört den Raumklang, spürt die Wärme oder Kälte von den verschiedenen Materialien usw. Über diese Sinnesbereiche hinaus wurde bisher zuwenig nachgedacht um das Gleichgewichtsempfinden (vestibulärer Sinn), den Eigenbewegungssinn (kinästhetischer Sinn) und verschiedene Sinnesrezeptoren für die Wahrnehmung unserer Körperfunktionen (somatoviscerale Sinne), die ebenfalls eine nicht zu unterschätzende Beteiligung bei der Architektur-Wahrnehmung einnehmen, zu beschreiben.

Wir bewahren unseren aufrechten Gang mehr oder minder sicher in verschiedenen (waagerecht, senkrecht oder schräg konturierten) Raumarrangements; unsere Blicke gleiten über Fassaden, wir durchlaufen gewisse muskuläre Spannungs- und Entspannungsprozesse. Wenn eine Schulklasse zum ersten Male die neue Turnhalle betritt, beim Klassenausflug in den Rittersaal einer Burg geführt wird oder beim Besuch eines Bauernhofes in der Scheunentenne empfangen wird, werden die Schüler von architektonischen und baulichen Konstellationen beeindruckt und in ihren Reaktionen beeinflusst. Es wird deutlich, dass das Sehen eines Gebäudes oder Raumes keine isolierte Tätigkeit des Sehorgans ist, sondern ein Zusammenwirken mindestens von Seh-, Eigenbewegungs- und Gleichgewichtssinn (Rittelmeyer 1994, 16; vgl. Guski 2000).

In Rittelmeyers Literatur erscheinen noch weitere Aspekte, die mit der Wahrnehmung eines Baus durch die Sinne von besonderer Bedeutung sind. Er verdeutlicht, wie äußere Sinne mit inneren korrespondieren und zu Urteilen und „stellungnehmender Wahrnehmung“ zu Eindrükken führen. Das Kind bzw. der Jugendliche stellt sich dem Architekturerleben und fängt Reize ein. Diese Reize gewährleisten in ihrer Mannigfaltigkeit und Impulskraft eine innere Beteiligung, eine Erregung und Information, die sowohl räumlich wie auch zeitlich, periodisch und rhythmisch in das Empfinden eingreift und Prozesse steuert. In allen Fällen einer aktivierten Raumorientierung wird offenbar die menschliche Eigenart des aufrechten Gehens und Stehens Bezugspunkt der Schulbau-Bewertung (ebd., 16). Die eigene Person steht im Verhältnis- und Bezugsgefüge zum baulichen Komplex, zum Raum – ob klein, hoch, hallig, winklig – und zu möglichen Bewegungsabläufen. Es ist bisweilen erstaunlich, wie Kinder das Rauminnere mit ihren Augen erobern und an Fixpunkten, die waagerecht, senkrecht und diagonal liegen können, verweilen. Sie sind dabei eine Beziehung zum Raum herzustellen, ihn schrittweise zu vereinnahmen. „Mit Kopf, Herz, Hand und Füßen!“ Pestalozzis Leitgedanke erhält eine Variante; die „Füße“ gehören zu eigenen Leiblichkeit, zum Standpunkt, zum Gleichgewichtsempfinden. (Johann Heinrich Pestalozzi lebte von 1746-1827).

Eine wahrhafte Augenweide für die Sinne findet sich in Waldorfschulen. Einer der Grundsätze dieser Schulen ist die „Förderung aller Sinne“. Zu erwähnen ist hier sicherlich nicht nur die durchdachte farbliche Gestaltung, sondern auch das gesamte Design und Dekor mit gut riechenden Bienenwachskerzen und früchtebeladenen Jahreszeittischen. Auch der Tastsinn kommt nicht zu kurz. Nicht nur vielfältig ansprechende Türklinken laden dazu ein, sondern auch die vielen unterschiedlichen Baumaterialien, die im Gesamtbild der Schulgestaltung vorhanden sind. Kunststoffmobiliar ist in keiner Waldorfschule zu finden, helle Holzmöbel in verschiedenen Formen zieren die Klassenzimmer.

Die Ausbildung der verschiedenen sensorischen Zentren im Gehirn ist von vielfältigen Anregungen der entsprechenden Sinne abhängig. Dies hat uns die Hirnforschung gezeigt. Entscheidend ist eine aktive sinnliche Zuwendung zum Wahrnehmungsumfeld, die wiederum davon abhängig ist, wie interessant, angenehm oder sinnvoll dasselbe erlebt wird. Die Wahrnehmung der Schularchitektur z.B. als belebend, starr, dynamisch oder freilassend scheint indessen, wie Untersuchungen von Rittelmeyer zeigen, durch die Aktivierung der zuletzt genannten Sinne (vestibulärer, kinästhetischer, somatovisceraler) wesentlich mitbestimmt zu werden. Unterschiedliche Bauformen scheinen diese Sinne in einer jeweils spezifischen Weise anzusprechen und anzuregen. Wenn man die blickmotorischen Versuche und die Interviewergebnisse zusammenfasst, die Rittelmeyer bei seiner Forschung gewonnen hat, ergibt sich folgendes Bild: Schrägen im Gebäude scheinen unser Gleichgewichtsempfinden zu provozieren, im Extremfall zu irritieren (Rittelmeyer 1994, 34).

Man kann sich dabei bewusst machen, dass es bei der aufrechten Haltung um eine grundlegende, in der Stammesgeschichte ausgeprägte Eigenart des Menschen geht. Interessant ist auch in diesem Zusammenhang, dass die gesamte Baugeschichte auf Symmetrie oder zumindest auf einem Ausgleich der erlebten Baumassen beruht. Es stellt sich allerdings heraus, dass eine leichte Labilisierung unseres Gleichgewichtsempfindens nicht immer als schlecht zu bewerten ist. Dies ist gerade bei Kindern mit dem Laufen auf Stelzen oder dem Balancieren auf einem Geländer zu beobachten (vgl. Rittelmeyer 1994, 32-33).

Räumliche Bedingungen. – Ein Raum ist wesentlich mehr als nur vier Wände, Boden und eine Decke. Zu den räumlichen Bedingungen gehören die Farbgestaltung, das Licht bzw. die Beleuchtung, die Beheizung und Ventilation, Geräusche, Schall, Akustik, Gerüche und die Möblierung; alle genannten Bedingungen üben einen erheblichen Einfluss auf das Wohlbefinden und die Lernbereitschaft und damit zum Teil auch die Leistung der Menschen aus.

Im Schulgebäude und in den Klassenräumen wirken diese auf die Schüler, Lehrer und zum Teil auf die Eltern ein. Da Räume nicht auf jeden Menschen gleich wirken und im Extremfall Unwohlsein hervorrufen, muss versucht werden, sie möglichst dem Empfinden aller Beteiligten anzupassen. Da dies gerade bei älteren Schulbauten oft nicht der Fall ist, können die räumlichen Bedingungen teilweise nach Inbetriebnahme von den Nutzern verändert bzw. beeinflusst werden. Das ist allerdings abhängig von dem Engagement der Lehrperson und der Motivation der Schüler. Natürlich läßt sich noch kein Gesetz darüber aufstellen, dass optimale Raumverhältnisse auch gute Leistungen aller Schüler mit sich bringen. Aber es ist in zahlreichen Studien bewiesen worden, dass sie positiven Einfluss auf Wohlbefinden, Leistungsbereitschaft, Leistung und Sozialverhalten aller Betroffenen ausüben.

3.2 Farbgebung

Farben. – Gültige Rezepte für eine Farbwahl gibt es nicht! Allzu oft werden wir geblendet durch eine zu modisch gestimmte Farbenwahl, deshalb ist es auch riskant, Kinder die Farben auswählen zu lassen; zudem wäre eine Einigung auf eine Farbwahl äußerst schwierig, da die Geschmäcker doch sehr verschieden sind. Dabei ist Farbe überhaupt keine Geschmackssache. Es handelt sich hierbei vielmehr um ein Empfinden, das sehr subjektiv ist.

Farbe soll als Teil der Architektur dienen und sich auch auf diese beziehen. Zu einer günstigen Farbwahl ist Schulung notwendig. Der Wunsch einer farblich harmonischen Umgebung steckt jedoch in jedem von uns, zumal man in einer solchen Umgebung, wie uns zahlreiche empirische Untersuchungen beweisen, die eigene Leistung und vor allem das Wohlbefinden steigern kann.

Bei der farblichen Gestaltung eines Raumes handelt es sich nicht bloß um die „Innendekoration", sondern um die Schaffung einer angenehmen Atmosphäre und Stimmung. Räume, die man von der farblichen Gestaltung her eher als unangenehm und „nicht-schön" empfindet, beeinflussen negativ die Leistungsbereitschaft, Lernmotivation und das Wohlbefinden. Räume hingegen, in denen man sich von der farblichen Gestaltung her wohl fühlt, die nicht bedrängend wirken, die Wärme bzw. Weichheit ausstrahlen, das heißt in ihren Formen und Farben aufeinander abgestimmt sind, wirken hingegen äußerst positiv auf das Wohlbefinden und die Lernbereitschaft der Schüler. Im Schulbau soll die Farbgebung freundlich und einladend sein und nicht ungemütlich oder gar „erschlagend" wirken. Unsere Vorfahren hatten es in diesem Punkt leichter. Sie hatten nur Naturfarben und Erdfarben zur Verfügung; durch ihre „Leichtigkeit" und „Mildheit" sind diese harmonischer und gut miteinander verbindbar (vgl. Mahlke 1989, 93; 1997).

Wo sollte man denn nun Anhaltspunkte für die Farbwahl im Schulbau suchen? Aus der kirchlichen Farbensymbolik oder Goethes Farbenlehre sind keine direkten Hinweise hervorgegangen. Comenius forderte schon im sechzehnten Jahrhundert dazu auf, das Schulhaus mit Bildern zu dekorieren. Auch wenn schon viel geforscht und experimentiert worden ist, die Farbgestaltung der Schulhäuser und Schulklassen wird auch in Zukunft ein aktueller Themenbereich bleiben. Festzuhalten ist, dass helle, farbige Räume positiver auf die Schüler wirken als triste Räume, helle größer als dunkle, so dass weniger Gefühl von Gedränge aufkommen kann und Blau besser als Rot ist, da Blau beruhigend wirkt (Perings 1999, 82; vgl. Bell, Greene, Fisher & Baum 1996, vgl. Gifford 2002, 30).

Wahrnehmung von Farbe. – Durch unsere Netzhaut können wir schon minimale Helligkeitsunterschiede und auch Farbnuancen unterscheiden. Unsere Netzhaut enthält zwei Arten von Empfängerzellen, die Zapfen und die Stäbchen. Durch die Stäbchen können nur die unterschiedlichen Helligkeitswerte wahrgenommen werden. Mit den Zapfen nehmen wir Farben wahr. „Wenn Licht von einer bestimmten Wellenlänge auf die Netzhaut fällt, löst dieser Reiz in den Zapfen Impulse aus, die zu einer entsprechenden Farbempfindung führen" (Zwimpfer 1985, 247). Es gibt drei Typen von Zapfen, ihre Unterscheidung liegt jeweils in der Reaktion auf verschiedene Lichtstrahlen. „Je ein Zapfentyp ist blau,- grün- oder rotempfindlich. Die drei additiven Grundfarben entsprechen der Farbempfindlichkeit der drei Zapfenarten. Die Gesetzmäßigkeiten der additiven und subtraktiven Farbentstehung sind in der Art begründet, wie das Auge auf die Lichtstrahlungen aus den verschiedenen spektralen Wellenbereichen reagiert" (ebd., 256). Für die Unterscheidung von Farben benötigen wir mehr Licht, deshalb sind Farben bei Dunkelheit schlechter zu erkennen. Daraus folgt, dass Farben auch bei Tageslicht anders beurteilt werden. Unsere Netzhaut passt sich den Lichtverhältnissen an. „Farbe wird nur dort als Farbe empfunden, wo sie in ihrer intensivsten Leuchtkraft und klarsten Abgrenzung u.U. disharmonisch zu ihrer Umgebung erscheint" (Steiner 2000, 33).

Zur Farbenlehre Rudolf Steiners. – Der Anthroposoph und Begründer der Waldorfschulen Rudolf Steiner leistete beachtenswerte Pionierarbeit auf dem Gebiet der Farbgestaltung. Er entwickelte schon Anfang des neunzehnten Jahrhunderts Gesichtspunkte, welche von großer Bedeutung für die Raumgestaltung und damit für den ganzen Bereich der die Pädagogik unterstützenden Architektur sind. Er behauptet, dass es keinesfalls gleichgültig ist, welche Raumfarbe den Menschen umgibt. Er geht noch weiter und sagt, dass es auch mit dem Temperament des einzelnen Individuums zu tun hat, wie es auf bestimmte Farben reagiert.

Zu beachten sei auch, ob ein Farbton lange Zeit einen Menschen begleitet und immer wieder auftritt oder nur kurzweilig auf ihn einwirkt.

Da Farben unterschiedliche Wirkungen haben, ist auch zu beachten, welche Tätigkeit später in dem Raum stattfindet, man sollte dies vorher überlegen und daraufhin sich erst für eine Farbe entscheiden (vgl. Raab 1982, 208 ff.). Steiner sagt, dass „im Empfindungs- und im Gemütsbereich tatsächlich Verbindungsfäden zwischen den Farbqualitäten und den äußeren Gegenständen bestehen“ (Raab 1982, 209).

Er unterteilt zudem das Schulhaus in normale Klassenräume und andere Fach-, Begegnungs- und Verkehrsräume. Da die Kinder in den Klassenräumen ein ganzes Jahr verbringen, beeinflusst die umgebende Farbe die Grundstimmung für lange Zeit; deshalb ist es wichtig, dass die anderen Räumlichkeiten diese Grundstimmung durch andere Farbtöne erweitern. Steiners Entwurf besteht darin, die Schüler während ihrer Schulzeit durch eine sinnvoll abgestufte Farbenfolge wandern zu lassen. Wir möchten dies kurz am Beispiel der Waldorfschule Köln beschreiben: Die Klassenräume 1-3 im Erdgeschoss sind in warmen Rot- Tönen gestaltet worden. Angefangen in der ersten Klasse mit einem dunkleren Rot verändert sich die Farbe zu einem Orange in der dritten Klasse. Im ersten Geschoss befindet sich dann beginnend in einem zarten Orangeton die vierte Klasse, welches allerdings schon eher in Richtung Gelb tendiert. „Warme Farbtöne setzen sich über das Gelb (5. Klasse) in das Grün der sechsten Klasse fort“ (Dürr in Festschrift Freie Waldorfschule Köln 1998, 57). In den folgenden Klassen wird das Grün kühler und verwandelt sich in der achten Klasse in Blau. Die warmen Farben befinden sich wie beschrieben in fließenden Übergängen bis ins siebte Schuljahr und schlagen erst in der Klasse 8 in kühle Farben um. Im zweiten Obergeschoss; dort ist die Oberstufe untergebracht, kommt eine Erweiterung durch den Einsatz unterschiedlicher Materialien hinzu. Holzbalken und Schichtbeton, verschiedene Materialfarben und unterschiedliche Oberflächenstrukturen rufen ganz unterschiedliche Sinneswahrnehmungen hervor.

Steiner prägte auch den Begriff der „durchsichtigen“ bzw. der „undurchsichtigen“ Wand. Durch die Technik der Lasurmalerei entsteht der endgültige Farbton durch das Auftragen verschiedener Farbschichten erst an der Wand selber. „Durch die Farbschichten, die Lasuren, ist die Farbentstehung z.B. vom Rot ins Grüne oder umgekehrt nachzuvollziehen. Doch ist dies nicht mit dem ersten schnellen Blick erkennbar, sondern die Farbe will entdeckt werden; die Wahrnehmung erfordert Zeit und ein offenes Auge. Standort-, Blick- und

Lichtveränderungen führen zu stets fein nuancierten Farbtonunterschieden" (ebd., 59). Dafür empfiehlt es sich, Mineralfarben oder Pflanzenfarben als Pigmentstoffe zu verwenden. Der lasierende Farbauftrag erzeugt den Eindruck von Transparenz. Durch Farbe und Licht kann man dann die Einheit eines Raumkomplexes betonen.

Die Farbtöne, die im Schulbau überwiegen, sind oft jene, die in früheren Bauten oder Malereien nicht zur Geltung kamen:

- Hellrötlich, rötlich-lila, lila,
- bläulich-lila, hellviolett, rot-violett, violett,
- „malvenfarbig"

Steiner ergänzt die bisher verwendete Farbskala am Bau über Blau und Violett hinaus bis hin zu Pfirsichblütentönen. Violette Töne haben für ihn sowohl Aktivität, die von der Farbe Rot ausgeht, und die Konzentration, die die Farbe Blau mit sich bringt. Durch Kombination der beiden entsteht ein neues Farberleben. Ein Gymnastikraum gestaltet er rötlich-lila; diese Farbkombination sei gut geeignet für hingebungsvolle Tätigkeiten. Bei ruhiger Körperhaltung, geistiger Geschicklichkeit und Konzentration, wie z.B. Handarbeiten, bringt er ein helles Violett an. Fachräume, die dem Handwerk dienen, erfordern nach ihm eine äußerlich aktivierende Farbe ohne bläulichen Einfluss, er empfiehlt Orange. Unterschiedliche Akzente im Klassenraumerleben setzt er durch verschiedene Helligkeitsgrade. Dies ist deutlich an seinem Farbenschema zu erkennen.

All diese Beispiele zeigen, wie wichtig für Steiner die Farbwahl zur Schaffung einer angenehmen Arbeitsatmosphäre ist (Raab 1982, 205 ff.; Dürr in Festschrift Freie Waldorfschule Köln 1998, 56-61).

3.3 Formgestaltung

Untersuchungen zum Thema „Farb- und Formgestaltung im Schulbau" unter Leitung von Rittelmeyer an der Universität Göttingen bringen Aufschluss. Bei der Suche nach dem sympathischen Schulbau ist es wichtig sich klarzumachen, welche Farb- und Formwünsche in diesem Bereich auf Schülerseite existieren. Welche Gestaltungsmerkmale ein Schulhaus als einladend, angenehm und schön erscheinen lassen und welche Merkmale eher Antipathien bei den Schülern gegenüber dem Bau aufkommen lassen, gilt es für Christian Rittelmeyer zu erforschen.

In einer Untersuchung wurden 200 Schüler darum gebeten, Schulfassaden und Innenräume zu beurteilen. Aufgabe war es, in einer Serie von 25stufigen Polaritätsskalen einzuordnen. Die Objekteigenarten der dargebotenen Fassadenansichten waren beispielsweise erdrükkend-befreiend, chaotisch-geordnet, weich-hart, feindlich-freundlich. Bei einer solchen Untersuchung erfahren wir, dass bestimmte Raumformen und Farbgebungen oftmals bei Schülern als fast einstimmig mit positiver Wertung abschneiden und hingegen andere als überwiegend abwertend beurteilt werden.

Hervorzuheben ist, dass aus solchen Untersuchungen drei Merkmale, die Rittelmeyer als „Sympathie-Kriterien“ bezeichnet, zum Thema „Sympathischer Schulbau“ gewonnen werden konnten. Eine Schule wurde dann als freundlich/angenehm/einladend und schön eingestuft, wenn sie in Farb- und Formgebung

- „abwechslungsreich und anregungsreich
- freilassend und befreiend
- warm und weich erschien“ (Rittelmeyer 1994, 47).

Die Schüler von heute wünschen sich demnach abwechslungsreich gestaltcte, jcdoch keine chaotischen Schulbauten. Freilassende Bauformen sind gefragt, dazu gehören nicht drängende Deckenformen und die Farbgebung. Zudem soll „Wärme und Weichheit“ ausgestrahlt werden; damit ist gemeint, dass die Farben und Formen einander harmonisch integriert sind.

Die in den Untersuchungen von Rittelmeyer gewonnenen drei Sympathie-Kriterien des Schulbaus gelten allerdings nur aus der Schülersicht. Bei solchen Forschungen muss man beachten, dass es sich oft auch um vorherrschende Trends handeln kann. Zudem könnte die Beurteilung von Projekt zu Projekt unterschiedlich ausfallen. Es folgt, dass die drei Merkmale nicht eindeutig voneinander trennbar sind. Ein freilassende Baugestalt wirkt auch abwechslungsreich; erlebte Wärme kann den Eindruck einer freilassenden Baugestalt mindern (Rittelmeyer, 43-50).

Schade ist, dass diese empirisch gewonnenen Erkenntnisse in der Praxis wohl nur eingeschränkt brauchbar sind, sie sagen nicht aus, wann z.B. eine Farbgestaltung „gemütlich“ wirkt.

3.4 Licht und Beleuchtung in der Schule

„Die Lichtverhältnisse sind von entscheidender Bedeutung für die Atmosphäre eines Raumes sowie die Stimmung und das Wohlbefinden der sich darin aufhaltenden Personen“ (Walden & Schmitz 1999, 88).

Wenn man von Licht spricht, muss man zuerst einmal zwischen natürlichem Licht, künstlichem Licht und der Qualität des Lichtes unterscheiden. Die Natur besitzt eine recht vielfältige Lichtvarianz, die vom blendenden Tageslicht bis hin zum nächtlichen Mondschein reicht. Feuer gilt als natürliches Licht. Das natürliche Tageslicht hat einen positiven Einfluss auf das körperliche und psychische Wohlbefinden jedes Menschen. Deshalb sollte darauf geachtet werden, beim Schulbau genügend natürliches Licht einzusetzen, „zumal es ein billiges Baumaterial ist“ (Busmann Interview 12.08.99). In den siebziger Jahren wurden gerade auf diesem Gebiet gravierende Fehler begangen. Es war die Zeit, in der man dachte, durch fensterlose Schulen die Kinder vor äußeren Einflüssen und somit vor Konzentrationsproblemen zu schützen.

Doch bald stellte sich durch zahlreiche Untersuchungen heraus, dass diese Annahme falsch war und sogar zu Erkrankungen führte. Seit der Erfindung des künstlichen Lichtes im 19. Jahrhundert sind wir froh, gerade in den Wintermonaten, Übergangs- und Nachtstunden, dieses in unseren Wohnstuben und natürlich auch im Schulhaus einzusetzen. Gerade beim künstlichen Licht gibt es verschiedene Qualitäten, die sich – wie nachgewiesen – auf das Wohlbefinden und die Leistung der Menschen auswirken. Dabei spielt auch die Lichtfarbe eine Bedeutung. „Zu kaltes Licht wirkt unfreundlich, ungemütlich, technisch“ (Frieling & Sonntag 1999, 349). Auch wurde nachgewiesen, dass der menschliche Körper durch das künstliche Licht stärkeren Reizen ausgesetzt ist (Küller 1996; vgl. Walden & Schmitz 1999, 88). Mangelnde Lichtgestaltung führt nicht nur zu Augenschäden und Kopfschmerzen, sondern auch zu schnellerer Ermüdung (vgl. Frieling & Sonntag

1999, 344). Gerade aus diesem Grund sollte es mehr Forschungen darüber geben, wie am besten die Anordnung der Lampen in einem Klassenzimmer sein sollte.

Fest steht, dass eine allgemeine, zentral und gleichmäßig an der Decke befestigte Beleuchtung nicht genügend ist. „Das Licht der Leuchtstoffröhren entkleidet die Gegenstände ihrer Schatten. Auch Menschen werden in diesem Licht schattenlos, sie werden ausgeleuchtet, worin angeblich der besondere Vorzug des Lichtes liegt, und büßen dabei ihre Plastizität und die Schönheit, die im Körperhaften liegt, ein“ (Mahlke & Schwarte 1989, 90; 1997). Um die vielfältigen Sehaufgaben in der Schule zu bewältigen, sei es beim Umgang mit den Arbeitsmitteln, bei gelockerter Sitzweise bei offenen Unterrichtsformen oder sei es beim Zugriff auf Lernmittel im Regal oder in einer aufbereiteten Station, schreibt die DIN „eine allgemeine Beleuchtung und zusätzlich eine getrennt schaltbare Zusatzbeleuchtung zur Erhöhung der vertikalen Beleuchtungsstärke im Bereich der Hauptwandtafel und der Demonstrationstische in sachbezogenen Unterrichtsräumen vor. Die Eigenschaften und Anordnungen der Leuchten müssen der Unterrichtsform mit ihrer spezifischen Sitzanordnung angepasst werden“ (Wasserfurth AIT 5-96).

Die Bedeutung der Beleuchtung kommt im folgenden Zitat zum Ausdruck „Sie sollte durch entsprechende Anordnung und Konstruktion der Fenster und der Beleuchtungskörper so gestaltet sein, dass die natürlichen Intensitätsschwankungen des Lichtes erhalten bleiben, die Wanderung der Sonne im Tagesverlauf auch innerhalb der Räume erfahrbar bleibt und – bei Kunstlicht – das Frequenzspektrum des Sonnenlichtes nachempfunden wird. Wichtig ist ein inkonstantes, räumlich bewegtes Hell-Dunkel-Gefälle, das bewegte Zustandsunterschiede bewirkt“ (Dederich 1996, 231).

Kükelhaus macht auch darauf aufmerksam, dass es geschlechtsunterschiedlich ist, wie sich das Licht auf das Wohlbefinden der Menschen auswirkt; deshalb muss versucht werden, in der Schule eine optimale Beleuchtungsmöglichkeit zu finden. Sie soll allen gerecht werden und das Wohlbefinden und die Leistung steigern. Bei Schulklassen, die nach DIN-Vorschrift alle Fenster haben müssen, sind zusätzlich flexible Lampen zu empfehlen, die per Regler die einzelnen Zonen unterschiedlich hell und intensiv beleuchten können und nicht die Klasse gleichmäßig „ausstrahlen“. Geachtet werden soll auch darauf, dass keiner vom natürlichen oder künstlichen Licht geblendet wird, da dies zu Unwohlsein und im schlimmsten Fall zu Kopfschmerzen führen kann. In diesem Fall wird die Sehleistung herabgesetzt, und die Augen werden übermäßig beansprucht. In Klassenzimmern sollten zudem genügend Stromanschlüsse vorhanden sein, so dass nach Wunsch das Anbringen von zusätzlichen Beleuchtungskörpern kein Problem bringt. „Das künstliche Licht sollte bei Kindern nicht an der Decke angebracht werden, also weit weg von ihnen, sondern dort, wo gespielt, gegessen, gearbeitet wird, möglichst auch so, dass es von den Kindern selbständig ein- und ausgeschaltet werden kann" (Mahlke 1985, 185).

Nicht nur die Anordnung der Beleuchtung, sondern auch die Art der Leuchtkörper ist von Bedeutung. Gerade für Schulklassen sollten diese eine robuste Bauweise haben. Eine einfache Wartung und eine unproblematische Reinigung sind zudem als entscheidende Kriterien zu beachten. Die Kosten der Anschaffung und die Ermittlung der Jahreskosten sind für die Auswahl von Bedeutung. Da das Klassenzimmer ein Treffpunkt für viele Menschen, Erwachsene und Kinder ist, muss versucht werden, den unterschiedlichen Bedürfnissen in der Beleuchtungsfrage gerecht zu werden.

Das Licht als wichtigster Informationsträger ist also in der richtigen Form anzubringen. Wasserfurth beschreibt drei Kriterien, die bei der Konzeption einer Lichtanlage im Klassenzimmer erfüllt werden müssen: „Beachtung der Mindestanforderungen der DIN 5035 Teil 4:

- Innenraumbeleuchtung mit künstlichem Licht. Spezielle Empfehlungen für die Beleuchtung von Unterrichtsstätten.
- Anwendung der Erkenntnisse der Psychologie des Sehens, speziell in Räumen mit besonderen Sehaufgaben oder Unterrichtsmethoden.
- Berücksichtigung der baulichen, auf das Tageslicht bezogenen und der gestalterischen Aspekte des Klassenraumes, auch in Bezug auf das gesamte Gebäude" (AIT 5/96).

Die Vielzahl der in Frage kommenden Beleuchtungssysteme in Bildungsbauten erfordert eine frühzeitige Einplanung dieser in das gesamte Raumplanungskonzept. Es ist sinnvoll, einen Lichtplaner einzusetzen, der als Experte schon bei der Planung entstehenden Problemen entgegenwirken kann. Hier sollte man nicht an Kosten sparen, immerhin sind 20% der Bevölkerung betroffen und es geht nicht nur um das Wohlbefinden und die Leistungssteigerung der Schüler, sondern auch um das der Lehrenden, der Eltern und der Erwachsenen in Abendkursen.

3.5 Beheizung und Ventilation

Das Wohlbefinden der Lehrenden und Lernenden im Schulhaus ist nicht nur von der Farbumgebung und der Beleuchtung abhängig, sondern auch vom Klima. Man unterscheidet hier zwischen Makroklima, also der örtlichen Wetterlage und dem Mikroklima, dem Klima, welches im Raum selbst herrscht.

Wir Menschen haben nur Einfluss auf das Mikroklima. In den Schulklassen kann aber versucht werden, für die Beteiligten eine möglichst optimale Temperatur zu schaffen. Dies ist gerade in den Wintermonaten von Bedeutung, da bei unseren Breitengraden Wohn- und Nutzräume während dieser Monate beheizt werden müssen, um ein thermisch behagliches Raumklima zu gewinnen.

Als nicht günstig erweist sich eine immer gleich bleibende Erwärmung des Raumes, dies ist unserem Organismus zuwider und macht sich in Müdigkeit bemerkbar. Zudem fällt ins Gewicht, dass Temperatur subjektiv empfunden wird. Wenn man also einen Raum völlig gleich temperieren könnte, müsste sich dies nicht unbedingt als positiv erweisen. Auch zu dieser räumlichen Bedingung wurden Untersuchungen durchgeführt. Es wurde festgestellt, dass eine optimale Lerntemperatur bei 21° C liegt. Dies könnte also bei der Beheizung von Lernanstalten beachtet werden. Auch sollte man sich überlegen, ob man nicht die Möglichkeit hat, auf ökologische Alternativen zurückzugreifen. (Maßnahmen „passiver" Wärmung, die mehr auf die Entwurfsanordnung zurückgehen, müssen in Zukunft mehr Beachtung finden). „Eine Zusammenarbeit zwischen Architekten, Ingenieuren und ökologisch orientierten Planern ist gefragt, um Einsparungen an Heizenergie allein durch eine energiebewusste Entwurfskonzeption zu erreichen" (Eissler 1988, 19).

Bei Sonnenschein kann die Situation im Klassenzimmer verbessert werden, indem verstellbare Jalousien am Fenster angebracht werden, die vor zu starker Sonneneinstrahlung schützen, aber dennoch nicht das Licht wegnehmen.

Gravierende Fehler werden bei der Belüftung von Bildungsanstalten begangen. Gerade beim Thema Ventilation sollte man etwas finden und vor allem investieren, was ständig für „gute“ Luft sorgt. Es hat jeder von uns in seiner Schulzeit gemerkt, wie müde man am Ende der Stunde, oft wegen Sauerstoffmangel, war. Hier muss vorgebeugt werden. Früher geschah dies durch Querlüftung und heute soll dies mit einer kontrollierten Belüftung funktionieren. Eine Permanent-Lüftung, die be- und entlüftet, ist immer positiv zu bewerten, nur leider aus Kostengründen nicht immer einsetzbar.

Ein positives Beispiel ist ein ausgeklügeltes Lüftungskonzept in der Waldorfschule Köln. Durch dieses Konzept wurde der Schule ein sparsamer Umgang mit Heizenergie und eine hohe Raumluftqualität in den einzelnen Klassen ermöglicht. Unterirdische Erdkanäle versorgen die Schule mit für die Jahreszeit vortemperierter Luft, dies erfolgt ohne Einsatz von Klima- und Lüftungstechnik. Zusätzlich garantieren angelegte Grasdächer auf der Sporthalle und auch teilweise auf dem Hauptgebäude für eine gute Isolierung und auch für eine natürliche Eingliederung in die Landschaft.

3.6 Akustik und Lärm

Der Mensch misst Geräusche in Dezibel (dB). „Das Dezibel ist eine logarithmische Einheit, die den Schalldruck eines gegebenen Tons im Verhältnis zum Schalldruck an der Absolutschwelle des Hörens angibt“ (Zimbardo 1995, 184). Geräusche werden in Dezibel-Skalen eingestuft, je höher die Einstufung hier ist, um so lauter ist ein Geräusch. Wenn Geräusche laut, unvorhersagbar, nicht kontrollierbar und andauernd auftreten, werden sie von uns als Lärm bezeichnet. Lärm ist im Gegensatz zum Schall nicht messbar. Wie sich die Dichte zur Enge verhält, besteht ein Zusammenhang zwischen Schall und Lärm. „Lauter Schall“ und Lärm finden in der Literatur oft die gleiche Bedeutung.

Die Lärmbelästigung gilt als eines der großen Probleme unserer Zeit. „Etwa 40% der Bürger in Deutschland sind nach eigenen Angaben zeitweise oder dauernd durch Lärm mehr oder weniger stark belästigt, so dass die Bezeichnung „Seuche“ durchaus gerechtfertigt ist“ (Immissionsschutzbericht der Bundesregierung 1982 lt. Flade 1987, 134). Man muss hinzufügen, dass laute Geräusche subjektiv zu beurteilen sind. Als Hauptverursacher von Lärm gilt der Straßenverkehr, mit eingeschlossen die Bahn und der Flugverkehr, gefolgt von Industrielärm (Guski 1977 lt. Flade 1987, 135).

Laboruntersuchungen haben bewiesen, dass sich Lärm negativ auf das Wohlbefinden und das Lernverhalten der Menschen auswirkt. Er kann sich allerdings auch positiv auswirken, wenn es sich um Naturlaute wie Vogelstimmen oder Wettereinflüsse (leichter Wind oder Regen) handelt.

Entscheidend in Gebäuden ist jedoch die Akustik. Oft wird der Akustik im Schulbau nicht genügend Beachtung geschenkt. Als raumakustische Maßnahmen sollte unbedingt beachtet werden, dass eine gezielte Schallpegelverteilung im Raum vorhanden ist; dadurch wird ein Echo vermieden. Neben der Anordnung von reflektierenden Oberflächen muss versucht werden, durch absorbierende Flächen eine Reduzierung des Nachhalls zu erreichen. Nach Rebhuhn stehen je nach Wirkungsart verschiedene akustisch wirksame Absorberarten zur Verfügung:

- „poröse Absorber; das sind Faserdämmstoffe und offenporige Schaumkunststoffe,
- Resonanzabsorber, das sind Vorsatzschalen aus Sperrholz- oder Gipskartonplattenbeplankung mit geschlossener oder perforierter Oberfläche“ (AIT 6/96).

Der Schallabsorbtionsgrad ist stark von den jeweiligen Frequenzen abhängig, deshalb ist für die Praxis eine Kombination beider sinnvoll. Es kann aber auch schon durch Podeste aus Holz der Schall im Raum gebrochen werden und dadurch die Lautstärke verringert werden. Teppichböden verringern zusätzlich die Lautstärke. Wie wir sehen, kann an einem Gebäude schon einiges mit eingeplant werden, um Geräusche, Schall und Akustik zu dämmen. Den Emissionseinflüssen von außen wie Autos, Zügen, Flugzeugen, Industrielärm kann jedoch nur ausgewichen werden, wenn dies im Vorfeld bei der Standortsuche berücksichtigt wird. Ein gewisses Maß an Schall wirkt allerdings auch wohltuend auf den Körper und spricht besonders unseren Gleichgewichtssinn an. „Das Ohr ist ein Organ, das nicht nur dem Hören, sondern auch der Orientierung im Raum und dem Gleichgewichtssinn dient. Es ist für Körper, Seele und Geist ein Organ der Orientierung. Entsprechend sollten Räume nicht, wie heute vielfach üblich, mit schallschluckenden Platten akustisch isoliert werden, sondern so gebaut sein, dass sie umgekehrt Echo und Hall ermöglichen“ (Dederich 1996, 231).

Studien auf dem Gebiet der Lärmbelästigung (Schick 1997) in Schulen sind mit deutlichem Beleg jüngeren Datums. Sprach man bis etwa 1970 vereinfacht und pauschaliert von Lärmbelästigung – einer lästigen und erschwerenden Begleiterscheinung in Unterricht und Schulleben -, so widmeten sich in den drei nachfolgenden Jahrzehnten recht gründliche Studien diesem Phänomen. Zu nennen ist hier ein detailfeiner Bericht von August Schick, Maria Klatte und Markus Meis mit dem Titel "Die Lärmbelästigung von Lehrern und Schülern – ein Forschungsstandsbericht" (Zeitschrift für Lärmbekämpfung, 46, 1999). In der dort aufgeführten Literaturliste mit 200 Veröffentlichungen/ Autoren entfallen 118 Beiträge in die Zeitspanne 1990-1998, 60 Beiträge in das Zeitband 1980-89 und 11 Veröffentlichungen in die Spanne 1970-79. Die zwei ältesten Fundstellen nennen die Jahre 1968 und 1957.

Lärmbewußtsein, lärmbelastende Umgebung, Schulklimaforschung, Sensibilisierung für selbstproduzierten Lärm, gesundheits- und arbeitsmedizinische Fragen und Lernprogramme für den Schutz des Gehörs, sogar ein "Netzwerk Gesunde Schule", ein Medienpaket "Ganz Ohr" in der Schweiz und eine Fülle an Büchern, Aufsätzen und Programmen über "Erziehung zur Stille" werden von Pädagogen fokussiert und als Erfordernisse gesehen.

Wie differenziert die Problematik gesehen wird, kennzeichnen Begriffe wie Hörsamkeit, Nachhallzeit und Diskrimination, Hintergrundschall und Arbeitsgedächtnis, psychonervale Aufmerksamkeit, individuelles Reaktionsraster, Schallimmissionen und ihre Intensität, Beeinträchtigung von Lernprozessen, Bewältigung von Angst und Stress und präventive Umweltmedizin.

Auditive Funktionen stützen Sprache. Sprache hat im Unterrichtsgeschehen tragende, prägende und vollziehende Bedeutung und beansprucht klare Verständlichkeit. An allen Operationen, ob affektiv, kognitiv, psychomotorisch, ob handlungs- oder projektbezogen, ob im Einüben von Sozialformen oder im Methodenlernen ist das Kommunizieren ein direkter Faktor. Diese Verständlichkeit hängt vom raumakustischen Bedingungsfeld ab. Sobald die Gesprächspartner – die Adressaten und Akteure des Unterrichts – mehr als 60 cm entfernt sind, nehmen sie die Sprache bereits in verhallter Form wahr. Alle reflektierenden Eigenschaften des Raumes, die Bestückung des Raumes, die Anzahl der Schüler fördern oder erschweren die Verständlichkeit. Kinder mit zentralen und peripheren Hörstörungen bzw. auditiven Defiziten sind sofort und nachhaltig betroffen. Gerade die Halligkeit multipliziert die Sprachverzerrungen und den Störgeräuschpegel.

Praktikable Handanleitungen haben Eingang gefunden in die Vorschlagsliste, wenn es um schulische Neubauten oder Sanierungsprojekte geht. Lärmbelastende Befunde werden ernst genommen und führen zu architektonischer Sorgfalt. Die Schulträger und schulbehördlichen Instanzen reagieren und nehmen die Erfordernisse und ihre Leitlinien und auch Richtlinien auf. Zentraler Bezugspunkt ist das Wohlbefinden der Schüler (= Lernhygiene).

3.7 Möblierung

„Das Schulgestühl stellt das Werkzeug unserer Kinder für den Sch u-lalltag dar“ (Berquet 1988, 17). Dieses Werkzeug soll daher bei der Einrichtung einer Lernumwelt möglichst optimal an seinen Nutzer angepasst werden. Geschieht dies nicht, kann es zu negativen Auswirkungen kommen. Diese beziehen sich nicht nur auf das Wohlbefinden und die Leistung, sondern auch auf Haltungsfehler.

In den Wachstumsphasen sorgt der Betätigungsdrang der Kinder für die Kräftigung der Muskulatur. Die Schule verlangt allerdings stundenlanges Stillsitzen, dies ist nicht förderlich für die Entwicklung der Muskulatur. Ungeeignete Schulmöbel kommen hinzu und so kam es zur alarmierenden Beobachtung, dass bis zu 50% der Schulkinder an Haltungsfehlern leiden (Berquet 1988, 17).

Die starren Schulbänke früherer Generationen wurden natürlich in Neubauten nicht mehr übernommen, es wird an Tischen und Stühlen gearbeitet; dadurch lässt sich schon frühzeitige Ermüdung besser verhindern. Im Sitzen wird die Muskulatur entspannt; Schulmöbel, die die Anspannung der Muskeln fordern, rauben dem Körper Energie, die gerade in der Schule für geistige Leistungen zur Verfügung stehen sollte. In der Regel werden Schulklassen mit Standardausrüstungen von Tischen und Stühlen ausgestattet. Aber wird hier überhaupt der kindliche Maßstab bei der Bemessung der Möbel beachtet? Oft werden nur Durchschnittswerte der Körpergröße, Augenhöhe, Schulterhöhe, Schulterbreite, Hüftbreite, Kniebeuge... in Bezug zum Alter ermittelt. Die Kinder, die etwas früh oder spät entwickelt sind, kommen in dem Fall nicht auf ihre Kosten. Eine individuelle Anpassung der Möbel ist oft aus Kostengründen nicht gefragt, aber dringend notwendig und erforderlich, zumal die Kosten oft nicht viel höher sind. Eine fachgerechte Beratung ist gefragt. Sowohl Stühle als auch Tische müssen unbedingt in Zukunft individuell verstellbar und auf den einzelnen Schüler abgestimmt und mindestens jedes halbe Jahr überprüft werden. Für diese Überprüfung muss der Klassenlehrer zuständig sein. Er muss sich darüber informieren, ob die Kinder richtig sitzen. Es wäre auch vorteilhaft, wenn der Lehrer und die Eltern beim Kauf von Schulmöbeln Mitbestimmungsrecht hätten.

In den Klassenräumen ist wichtig, dass jeder Schüler sein Arbeitsmaterial, das er nicht zur Bewältigung der Hausaufgaben benötigt, in einem leicht für ihn erkennbaren Fach aufbewahren kann. Zu dem Zweck müssen im kindlichen Maßstab Schränke und Regale angefertigt werden. Wenn diese Schränke auf Rädern postiert sind, kann man sie zur sinnvollen Raumaufteilung nutzen. Durch verstellbare Schränke kann das Klassenzimmer einen Differenzierungsraum bilden. Eine Lese- oder Entspannungszone kann ohne großen Aufwand sogar von den Schülern selbst gebildet werden. Diese kann verschönert werden, indem sie mit einem Teppich, einem Sofa, einem Tisch und Pflanzen wohnlich eingerichtet wird. Dies ist Aufgabe der Schüler, Lehrer und auch der Eltern, einen solch „heimischen“ Platz im Klassenraum zu errichten. Im optimalen Fall ist am Klassenzimmer ein Differenzierungsraum angeschlossen, der auch in Freistunden der jeweiligen Klasse zu Verfügung steht. An der Gestaltung und Verschönerung der Klassen soll den Schülern viel Verantwortung zugesprochen werden. Durch diesen Prozess fühlen sich die Kinder mit ihrem Raum verbunden und es erfolgt ein Identifizierungseffekt. Dieser ist beste Voraussetzung, um Vandalismus vorzubeugen. Zudem trägt die eigene Gestaltung von Klassenräumen, aber auch von Fluren, Treppenhäusern, dem Schulhaus und dem Außengelände dazu bei, dass sich die Kinder in ihrer Schule wohl fühlen. Eine freundlich gestaltete Schule bzw. ein schön eingerichtetes Klassenzimmer wirkt sich positiv auf das Leistungsverhalten aus.

3.8 Dichte und Enge

Das Gefühl der Enge oder der Beeinträchtigung kann bei uns auftauchen, wenn wir uns mit vielen Personen einen Raum teilen müssen. "Eine zu hohe Dichte wird in Verbindung gebracht mit negativem Affekt, physiologischer (Über-) Erregung und sogar einer Zunahme von Erkrankungen sowie Veränderungen des Sozialverhaltens wie z.B. einer Verminderung der Hilfsbereitschaft und einer Zunahme von Aggressionen" (Bell et al. 1996 lt. Schuemer 1998, 57). Dichte stellt ein objektives Maß für die räumliche Begrenzung dar. Es wird mit Dichte der physikalische Zustand einer Person in einem begrenzten Raum bezeichnet. Dichte muss man von dem subjektiven Empfinden von Enge trennen. Beide Begriffe, Dichte (density) wie auch Beengtheit (crowding) sind aus dem Englischen herzuleiten und bedeutende Begriffe in der Architekturpsychologie. Inwiefern Dichte oder Enge eines Raumes Einfluss auf das Sozialverhalten, Wohlbefinden und die Leistung von Schülern haben, möchten wir versuchen im Folgenden zu schildern; wir beziehen uns hier auf einen nicht veröffentlichten Forschungsstandbericht von Nina Perings 1999. Anhand einer Studie von Smith und Connolly (1980) erläutert Gifford: Wenn pro 2,79 bis 3,72 m^2 eines Klassenraums auf einen Schüler (preschool) kommen, besteht eine förderliche, mittlere Dichte im Klassenraum. Eine zu hohe oder zu geringe Dichte wirkt sich hingegen negativ auf den Schüler aus (Gifford 1997, 267; Gifford 2002, 312 ff.). Gifford stellt zudem Studien vor, die etwas über die Dichte und die Leistung der Schüler aussagen. Es wurde herausgefunden, dass bei Sinken der Klassendichte höhere Leistungen zu erwarten waren und dass sich Kinder bei niedriger Dichte länger auf gestellte Aufgaben konzentrieren konnten (Thomas 1987 lt. Perings 1999, 28). Auch der Schwierigkeitsgrad der Anforderungen an die Schüler beeinflusst gemeinsam mit der Klassendichte die Leistung. Zum Beispiel bei offenen Unterrichtsformen, bei denen sich die Kinder im Klassenzimmer bewegen können, wird das Lösen der Aufgaben schwieriger, je höher die Klassendichte ist (Heller et al. 1977 lt. ebd., 29).

Privatheit. – Unter Privatheit versteht man im Allgemeinen „Alleinsein und Vor-den-Blicken-anderer-geschützt-Sein“ (Flade 1998, 58). Altman (1975) definiert Privatheit „als Prozess der Kontrolle über den Zugang anderer zu sich selbst oder zur eigenen Gruppe“. Wenn man diese Beschreibungen liest, fragt man sich, was Privatheit mit Schule zu tun hat, da in der Schule Kinder und Lehrer gemeinsam in einem Klassenraum arbeiten und kaum Privatheit haben. Bei Grundschulkindern ist das Bedürfnis nach Privatheit noch nicht oder nur sehr gering ausgeprägt. Aber mit der Entwicklung und im Laufe des Lebens verändert sich das Bedürfnis nach Privatheit. Das sieht man besonders an älteren Schulkindern. „Umwelten für Gruppen müssen so gestaltet werden, dass sie eine Kontrolle sowohl auf der individuellen als auch auf der Gruppen-Ebene ermöglichen“ (vgl. ebd. 58). Deshalb sollte beim Bau von Schulen die Notwendigkeit von Privatheit nicht unterschätzt werden. In der Schule existiert Privatheit eigentlich nur innerhalb eines Klassenzimmers und das in Bezug aller anderen, die sich außerhalb des Klassenzimmers aufhalten. Es ist wichtig, auf dem Schulgelände und wenn möglich auch in den Klassenräumen Zonen zu schaffen, die den Rückzug von kleineren Gruppen oder sogar einzelner Schüler ermöglichen. Aber warum wird Privatheit in der Schule benötigt, die Schule ist doch eine Institution, in der gemeinsam gelebt und gelernt wird? Privatheit wird von jedem Menschen unterschiedlich genutzt: Von dem einen Schüler dazu, um anderen Informationen über sich selbst zu präsentieren und vom anderen, um sich zu distanzieren, um alleine und ungestört zu sein.

Die Schüler sollten deshalb genau wie die Lehrer und der Rektor, die sich im Lehrerzimmer bzw. im eigenen Arbeitszimmer zurückziehen können, die Chance haben, sich in den Pausen oder Freistunden abkapseln zu können. Aber wie könnte das in der Praxis aussehen? Natürlich kann nicht für jeden Schüler ein eigenes Zimmer zur Verfügung gestellt werden, aber durch die Einrichtung von Stillarbeits- oder Aufenthaltsräumen wäre die Möglichkeit gegeben, sich unbeaufsichtigt zurückzuziehen und ein geringes Maß an Privatheit zu erreichen. Jedes Klassenzimmer sollte zudem so ausgestattet sein, dass es eine Rückzugszone besitzt und durch Gardinen oder Jalousien bei Bedarf vor Blicken anderer geschützt sein kann. Von großer Bedeutung ist, dass diese Zonen für jeden gleichermaßen zugänglich sind.

Laut Ergebnissen durchgeführter Untersuchungen von Sundstrom (1986) hat Privatheit auf die Leistung keinen Einfluss. Privatheit steht lediglich im Zusammenhang mit der Zufriedenheit und der Umgebung. Auch wenn Privatheit keinen direkten Einfluss auf die Leistung der Schüler hat, denke ich, dass es wichtig ist, dass jeder Schüler, jede Lehrkraft, jeder Beteiligte in einem öffentlichen Gebäude die Möglichkeit hat, sich zurückziehen zu können. Jedes Individuum ist anders, der eine nutzt die Gelegenheit des Rückzuges, der andere nicht. Wenn aber keine Gelegenheit da ist, wirkt sich dies sicherlich nicht positiv auf das Wohlbefinden des Menschen aus. Hinzu kommt, dass manche Lehrer-Schüler-Gespräche untereinander – ohne Klassengemeinschaft – ausdiskutiert werden müssen. Es ist nicht positiv, hier auf halb-öffentliche Bereiche wie Flure auszuweichen; gerade hier muss eine Rückzugsgelegenheit gegeben sein.

Konflikte und Aggressionen. – Konflikte können nicht nur auf zwischenmenschlicher und sozialer Ebene entstehen, sondern auch durch räumliche Bedingungen ausgelöst werden. Gerade von Kindern und Jugendlichen können sie nicht so leicht verarbeitet werden und lösen in vielen Fällen Aggressionen aus. Aggression ist auf ein Verhalten, dessen Ziel eine absichtliche Beschädigung oder Verletzung ist (vgl. Nolting 1997, S. 21 ff.). Aggressionen können sich in körperlichen, sprachlichen oder mimisch-gestischen Formen äußern. Es gibt sie in vielfältigen Erscheinungsformen, fallen aber immer wieder unter denselben Begriff und haben das gleiche Ziel vor Augen: das gezielte Schädigen. Aggression ist in vielen Fällen ein Mittel zum Zweck. Man unterscheidet zwischen expressiver Aggression als Gefühlsausdruck und instrumenteller, um das Ziel zu erreichen. Aggressives Verhalten ist oft zu beobachten, es zielt auf schnellen Erfolg. Es ist somit ein einfaches Mittel, um Bedürfnisse zu befriedigen. Aggressives Verhalten wird nicht nur durch die Familie, beaufsichtigende Erwachsene in Spielgruppen und Peers beeinflusst, sondern auch durch die Schule und räumliche Bedingungen gefördert. Smith und Connolly (1980) fanden heraus, dass Aggression bei größerer Dichte (Dichte gibt in ihren Untersuchungen das Verhältnis der Individuenzahl zum verfügbaren Raum an) zunimmt, wenn die materiellen Ressourcen nicht an die steigende Gruppengröße angepasst wurden. Aber es kam nicht nur auf die Dichte an, sondern auch auf die Qualität der Umwelt. Wir haben keine Forschungsergebnisse gefunden, die wir anführen könnten, um zu belegen, dass Aggression auch entstehen kann, wenn Privatheit fehlt, wir denken aber, dass dies so ist. Wenn Menschen die Möglichkeit haben sich zurückzuziehen, finden Aggressionen vielleicht erst gar keine Gelegenheiten.

Gerade im Bereich der Schule sind Aggressionen ein heikles Thema. Durch optimale räumliche Bedingungen und ein gutes Lehrer-Schüler-Verhältnis können sie eingedämmt werden. Wichtig ist, dass man sich wohl fühlt und Schule als einen Begegnungsraum sieht und nicht als Angriffsfläche.

Schule als Begegnungsraum. – Schule ist ein Ort der fast täglichen Begegnung. Für viele Kinder, besonders aus problematischen Familienkonstellationen oder aus benachteiligten Familien stammend, ist sie ein Ort mit Kontinuität. Schulen sollten Orte sein, die eine anregungsreiche und fördernde Lebenswelt bieten können. Gerade die räumlichen Gegebenheiten können dazu beitragen, dass die Schüler Sozialität und ein Gemeinschaftsgefühl erleben. Von ihrer räumlichen Gestaltung müssen sie im Innern sowie im Außenbereich Plätze der Begegnung schaffen, wo sich Jung und Alt treffen können, Erfahrungen ausgetauscht werden und ein friedliches, gewaltfreies Beisammensein stattfinden kann. Dies gelingt besonders gut, wenn diese Orte gemeinsam geschaffen werden. „Geborgenheit, Offenheit und Herausforderungen sind Grundbedingungen eines für Kinder förderlichen Lebens- und Lernorts Grundschule“ (Faust-Siehl 1996, 32). Die Jüngeren, gerade in den ersten Grundschulklassen, sammeln ganz neue Erfahrungen im Klassenverband; einige kommen in der Schule erstmalig (bedingt durch die sinkende Kinderanzahl in Familien, zerrüttete Familienverhältnisse und überwiegendes Aufhalten in Wohnungen und Häusern) mit einer großen Gruppe Gleichaltriger in Kontakt. Schon früh werden hier Regeln im Zusammensein erstellt und erprobt. In dieses Erprobungs- und Erfahrungsfeld sind Gleichaltrige, ältere Mitschüler und die Lehrer einbezogen.

3.9 Partizipation und Selbstgestaltung

Sich mit etwas identifizieren können, bedeutet soviel, wie sich darin wiedersehen, sich darin wiedererkennen. In einer gebauten Umwelt ist Identifikation nur in seltenen Fällen möglich, da die späteren Nutzer, die oftmals bei der Planung noch nicht bekannt sind, keinerlei Mitspracherecht haben. Voraussetzung für eine erfolgreiche Identifikation ist Partizipation. Unter Partizipation bezeichnet man in den Sozialwissenschaften die Teilhabe von Personen bzw. Gruppen an Entscheidungen, die das eigene Leben der Gemeinschaft betreffen (Walden & Schmitz 1999, 49 ff.). „Beteiligung (Partizipation) ist dabei sowohl als Mittel zur Einbringung und Durchsetzung von Interessen wie auch als Zweck im Sinne einer Selbstverwirklichung der Menschen durch Beteiligung zu verstehen“ (Deutscher Verein 1986 lt. Schröder 1996).

Konkret auf den Schulbau bezogen bedeutet dies, dass die Kinder und Jugendlichen ein Mitspracherecht bei Planungen, Umbauten, Einrichtungen, Möblierung erhalten müssen! Es darf nicht einfach für die Kinder und Jugendlichen gebaut werden, sondern mit ihnen! Die räumliche Umwelt hat, wie wir eben schon beschrieben haben, einen erheblichen Einfluss auf die Lernbereitschaft und das Wohlbefinden der Schüler. „Nur auf dem Wege der Partizipation lässt sich eine an den tatsächlichen Bedürfnissen orientierte Umweltgestaltung verwirklichen“ (ebd., 50; vgl. Eichholz 1992).

Durch die Partizipation am Planen und Bauen wird den Kindern ermöglicht, sich „zu Hause“ zu fühlen, sie merken durch diesen Prozess, dass sie Einfluss auf ihre Umwelt haben, es erfolgt eine Stärkung des Selbstwert- und Gemeinschaftsgefühls. „Gefördert werden darüber hinaus die Fähigkeit der Kinder zur Kommunikation und Kooperation untereinander, die Identifikation mit ihrer Einrichtung sowie die Bereitschaft, für den gemeinsam gestalteten Raum Verantwortung zu übernehmen“ (ebd., 51; Siegmund 1996). Hinzu kommt ein kosteneinsparendes Argument: Durch Mitbeteiligung wird Fehlinvestitionen und Fehlplanungen vorgebeugt. Partizipation von Kindern und Jugendlichen bedeutet jedoch nicht, dass diese alleine planen; es bedeutet immer, dass sie „gemeinsam mit Erwachsenen ein Problem bearbeiten und Vorschläge entwickeln. Aufgabe der Erwachsenen ist es dabei, die Äußerungen der Kinder gemeinsam mit ihnen zu interpretieren, zu ordnen sowie zu umsetzbaren Empfehlungen für die Planung bzw. Gestaltung auszuarbeiten und diese an die auszuführenden Planer zu übermitteln“ (ebd., 54). Es gibt sogar Architektenbüros, die sich auf die Zusammenarbeit mit Nutzern spezialisiert haben. Dies hat den Vorteil, dass ein „Identifikationseffekt“ automatisch stattfindet. Nur wer sich mit einem Gebäude, einer Räumlichkeit identifiziert, kann sich wirklich darin wohl fühlen.

„Erfahrungen des Mitbestimmens und Mitgestaltens bei der Einrichtung von Räumen stärken die Identifikation der Kinder mit ihrer Schule; denn sie erleben sich als aktiv Handelnde und als verantwortlich für die Pflege des eigenen Schulraumes“ (Dreier et al. 1999, 77).

Akzeptieren und Annehmen des Schulhauses: meine (unsere) Schule. – Erst durch die Identifikation mit dem Schulhaus sind ein Akzeptieren und Annehmen des Schulgebäudes möglich. Die Nutzer müssen sich mit ihrer Schule verbunden fühlen, sich in ihr wohl fühlen und im Optimalfall sie als ihr Zuhause sehen. Die Schüler verbringen einen Großteil ihrer Jugend dort, deshalb sollten Schulen „Orte sein, die geliebt werden, die Heimat und Zuhause-Gefühle wecken“ (Hübner Interview vom 25.08.99). Dies ist am besten möglich, wenn die Schüler und Lehrkräfte von Beginn des Schulbaus an mit in die Planungen einbezogen werden und ihre Wünsche äußern können und sogar ihre eigenen Klassenzimmer planen, so wie dies in der Gesamtschule Gelsenkirchen der Fall ist. Ob eine neue oder schon ältere Schule ist nicht entscheidend für das Akzeptieren und Annehmen, vorrangig ist, dass Selbstbestimmung, Mitbestimmung, Partizipation und Personalisierung stattfinden und genügend Freiraum dafür vorhanden ist.

Fortentwicklung ohne Architekt. – Die Fortentwicklung eines Schul- oder Erweiterungsbaus ohne den Architekten ist von großer Bedeutung für den Identifikationseffekt der Beteiligten. Eine Weiterentwicklung ohne den Architekten kann im Schulgebäude selbst beginnen und im Außenbereich enden. Auf sehr vielfältige Art und Weise können die Schüler selbst Hand anlegen. Im Schulgebäude geht es meistens um dekorative Details wie das Ausschmücken der Flure und Treppenhäuser, das Einrichten und Dekorieren von Mehrzweckräumen und im Außenbereich um die Gestaltung des Pausenbereichs, um die Begrünung und das Anlegen von Gartenbereichen oder Schulwäldern.

Auch ist zu beachten, dass Gebäude, die ohne Partizipation der späteren Nutzer errichtet werden, selten den verschiedenartigen Interessen der unterschiedlichen Altersgruppen gleichmäßig gerecht werden. „Eine nutzungsgerechte Planung wird aber nicht nur durch Unterschiede zwischen verschiedenen Gruppen erschwert. Komplizierend kommt hinzu, dass sich die Interessen und Werte dieser Gruppen über die Zeit ändern können“ (Dieckmann & Schuemer 1998, 38). Deshalb müssen Räume für eine Umänderung offen sein. Am besten finden solche Fortentwicklungen im Rahmen einer Projektwoche statt, in Projektgruppen oder in gemeinsamer Arbeit mit Lehrern, Schülern und Eltern.

Bilden einer Projektgruppe: Schüler, Lehrer, Eltern, Förderverein. – Das Bilden von Projektgruppen ist ein gemeinschaftsfördernder Prozess. Eine Projektgruppe ist nicht ein Klassenverband, sondern eine Interessengemeinschaft. Die Schüler mit gleichen Interessen versammeln sich während der Schulzeit oder auch zum Teil in ihrer Freizeit einmal wöchentlich, um an einem Projekt zu arbeiten. Ältere und jüngere Schüler werden durch Projekte zusammengebracht. Für viele Einzelkinder ist dies eine neue Erfahrung. Es können neue Bekanntschaften und Freundschaften entstehen. „Das Aggressionspotential sinkt bei übergreifenden Gruppen stark" (Spiegel Nr. 35 1994, 47).

Im schulischen Bereich gibt es eine Fülle von Tätigkeiten, die in Form von Projekten angesteuert werden können. Gerade im Bereich der Schulgestaltung könnten hier Projekte wie „Unser Schulwald", „Schulgarten", „Wir gestalten unsere Bibliothek", „Pausenhofgestaltung", „Flurgestaltung" oder „Schulradio" angeboten werden. In der Zeit, in der Projekte stattfinden und ganze Projektwochen, kann sich intensiv mit einem Thema auseinandergesetzt werden. Die Schüler haben viel Freiheiten und Freiräume und können selbstständig, in Partnerarbeit oder in kleinen Gruppen arbeiten. Jedem Mitwirkenden steht es zu, eigene Entscheidungen zu treffen, die Selbständigkeit wird geschult. Im Rahmen von Projekten kann in besonderem Maße Praxisnähe erfahren werden.

Vermeidung von Vandalismus in und am Gebäude. – Für Sachzerstörung gebrauchen wir auch das Wort Vandalismus. Das ist der Fall, „wenn es um die absichtsvolle Beschädigung bzw. Zerstörung bestimmter Objekte oder Räume geht und um Handlungen, die, von außen betrachtet, für den Handelnden selbst keinerlei erkennbaren Nutzen zu haben scheinen" (Flade 1987, 144; Flade 1996; Koch 1986). Sinnlose Zerstörungen geschehen nicht überall, sondern wie in Untersuchungen ermittelt wurde, überwiegend auf Spielplätzen, an Schulgebäuden, in Freizeitzentren und an öffentlichen Verkehrsmitteln. Es handelt sich also durchweg um öffentliche Bereiche.

Rittelmeyer weist in seinen Schriften schon seit vielen Jahren darauf hin, dass eine schöne Fassade des Schulgebäudes Vandalismus verringern kann. Es konnte auch festgestellt werden, dass eine abwechslungsreiche architektonische Gestaltung, was die Farbgebung, Möblierung und andere räumliche Bedingungen angeht, die bei den Kindern und Jugendlichen Gefallen und Wohlbefinden fanden, Vandalismus entgegenwirken konnte. Klar ist, dass „eine komplexer angelegte Architektur und Stadtplanung etwas teurer ist, doch langfristig müsste sich dies dadurch bezahlt machen, dass weniger zerstört wird, dass also die Kosten zur Beseitigung der Folgen vandalistischen Verhaltens ... geringer sind" (Flade 1987, 146).

Aber nicht nur ein ansprechender Schulbau, sondern individuelle Persönlichkeitsmerkmale und soziale Gegebenheiten müssen Beachtung finden. Einfluss auf vandalistisches Verhalten hat auch die Größe der Schule; in Schulen mit hohen Schülerzahlen steigt die Anonymität, dadurch wird die Persönlichkeit des Einzelnen oft weniger beachtet. Dies kann Vandalismus auslösen, zumal die Chance, den Täter zu stellen, gleichermaßen sinkt (Perings 1999, 104). „Eine Möglichkeit, in großen Schulen Vandalismus entgegenzuwirken, wäre, den Schulkomplex in Teilkomplexe, sogenannte „Heimbereiche" umzustrukturieren. Durch das Schaffen verschiedener Zonen im Gebäude selbst und auf dem Pausengelände entstehen kleine Einheiten, mit denen sich die Schüler besser identifizieren können, da die Anonymität in dem Fall gesenkt wird" (Asztalos 1981, 4). In vielen Schulen herrscht Platzmangel. Dies führt oftmals zum stundenweisen Wechseln des Klassenzimmers, es kommt sogar vor, dass einzelne Klassen ständig einen Ortswechsel, zum Teil auch in den Unterrichtsstunden durchführen müssen; hier können keine „Heimatgefühle" Räumen gegenüber entwickelt werden. Die Personalisation und Identifikation des Raumes entfallen; in solchen Fällen kann Vandalismus als Gegenreaktion entstehen (vgl. Klockhaus 1986, 35; vgl. Koch 1986).

Gerade im Schulbau ist wichtig, dass die Schüler genügend Gelegenheit zur Mitgestaltung erhalten, denn was Schüler selber gestalten, zerstören sie nicht! „Je mehr Kontrolle Menschen über ihre alltägliche Umwelt ausüben können, um so geringer müsste ihre Motivation sein, sich in destruktiver, zerstörerischer Weise mit ihrer Umwelt auseinanderzusetzen" (Flade 1987, 146).

Wenn die Schüler die Schule als ihr Zuhause, ihre Wohnstube, ansehen würden und jede Klassengemeinschaft einen Bereich hätte, für den sie Verantwortung trägt und den sie nach ihren Interessen und Vorstellungen gestalten dürfte, dürfte Vandalismus kein so aktuelles Thema im Schulbereich mehr darstellen.

Finden einer Hausordnung. – „(1) Die Hausordnung soll insbesondere Regelungen für das Verhalten bei Gefahr und Unfällen, in Pausen und Freistunden, vor Beginn und nach Beendigung des Unterrichts sowie für das Verlassen des Schulgeländes und die Benutzung der Einrichtungen der Schule enthalten" (Schulordnung 1988, 98). Die Hausordnung darf man nicht mit der Schulordnung verwechseln. Die Schulordnung wird vom Kultusministerium für die jeweiligen Bundesländer herausgegeben und enthält notwendige Gesetzmäßigkeiten, die in Paragraphen festgelegt sind und alle Bereiche rund ums Schulleben versuchen in Ordnung zu halten. Der Schulleiter erstellt die Hausordnung unter Mitwirkung von Schulträgern, Schulausschuss und Schulelternbeirat. Die Schüler sollen angehört werden, haben aber keinen so großen Einfluss auf die Ordnung und das, obwohl sie unmittelbar in ihrem sozialen Miteinander von den Auswirkungen der Hausordnung betroffen sind. Es wäre doch sinnvoller, gemeinschaftlich Regeln aufzustellen, die das alltägliche Zusammensein bestimmen. Wenn Schüler selbst ihre Pflichten festlegen dürfen oder zumindest ein großes Maß an Mitbestimmung haben, glauben wir, dass die Regeln eher akzeptiert werden. Nicht selten wird aus diesem Grund in der Klassengemeinschaft eine interne Klassenordnung erstellt. Auch sie soll helfen, den Schülern ein problemloses Zusammenleben zu ermöglichen.

Wenn man eine Hausordnung oder Klassenordnung aufstellen möchte, muss man zuerst einmal mit den Kindern und Jugendlichen überlegen, wo Probleme im Zusammensein auftreten könnten. Auch Aspekte wie Umgang mit Schuleigentum, Verhalten in Pausen, Verhalten bei Gefahr, Umgang mit Mitschülern o.ä. müssen besprochen und in Punkten festgehalten werden. Da in einer Klassengemeinschaft viele verschiedene Charaktere zusammentreffen, ist es von Bedeutung, eine Hausordnung zu finden, die möglichst allen gerecht wird und das Zusammensein aller fördert und nicht einschränkt. Verhaltensregeln, die sich speziell auf das Zusammensein in der Klassengemeinschaft und auf organisatorische Details im Rahmen der Klasse bewegen, werden hier gemeinsam ermittelt, festgehalten und für jeden sichtbar im Klassenzimmer angebracht. Die Hausordnung/ Klassenordnung gilt als verbindliche Satzung und sollte von allen Beteiligten beachtet werden.

Selbstgestaltung. – Durch die Selbstgestaltung in Lernumwelten wird den Schülern und den Lehrkräften die Möglichkeit geboten, sich konkreter mit ihrer Lernumwelt zu identifizieren und dadurch höhere Leistung und ein gesteigertes Wohlbefinden aufzuweisen. Die Motivation wird erhöht und die freiwillige Übernahme von Verantwortung angesteuert. Selbstgestaltung kann auf zwei verschiedene Arten stattfinden: Im unterrichtlichen Rahmen, hier besonders in der Form offenen Unterrichts sowie in der Gestaltung von Lernumwelten. Wir möchten uns im Folgenden auf die Selbstgestaltung im räumlichen Umfeld beschränken. Vorweg ist zu erwähnen, dass das Maß an Selbstgestaltung nicht nur von Lehrern, Schülern und Eltern abhängig ist, sondern auch von Vorgabebedingungen des Architekten. Bei der Auswahl von Literatur wollen wir uns auf die von „Arbeitsumwelten“ beschränken. Sundstrom und Sundstrom (1986; vgl. Neumann 1995) führen verschiedene Kriterien auf, die bestätigen, dass die Mitgestaltung von Arbeitsplätzen durch ihre Benutzer zur höheren Zufriedenheit der Arbeitsumwelt führt. Auch wenn die Schlußfolgerungen daraus nur mit Bezug auf Arbeitsumwelten belegt sind, denken wir, dass diese Ergebnisse auch auf Lernumwelten übertragbar sind.

Als erster Punkt wird angegeben, dass die Mitgestaltung des Arbeitsplatzes seinem Inhaber die Möglichkeit zur Selbstdarstellung gibt, indem er den Arbeitsplatz nach eigenen Wünschen gestalten kann. Dadurch kann sich der Arbeitnehmer mit seiner Umgebung und der Organisation seines Arbeitsplatzes verbunden fühlen.

Zweitens kann die Mitgestaltung des Nutzers am Arbeitsplatz helfen, fundiertere Entscheidungen für eine bessere Arbeitsumwelt zu treffen. Die besseren Entscheidungen, durch welche eine funktionsgerechtere Arbeitsumwelt entsteht, beruhen darauf, dass mehr und vielfältigere Informationen in die Gestaltung eines Arbeitsplatzes einfließen, wenn die Arbeitnehmer an dieser beteiligt werden. Da die Arbeitnehmer den neuen Arbeitsplatz aus einer anderen Perspektive als die Architekten, die Büroplaner und die Manager sehen, werden bei der Beteiligung der Arbeitnehmer an der Gestaltung und Planung neuer Arbeitsplätze zusätzliche Aspekte und bisher unbeachtete Gesichtspunkte betrachtet, die positive Auswirkungen auf die Arbeitsumwelt haben können.

Weiter wirkt die Möglichkeit zur Mitgestaltung des eigenen Arbeitsplatzes auf den Arbeitnehmer befriedigend. Die befriedigende Wirkung kommt dadurch zustande, dass der persönlichen Geschmack in die Gestaltung des Arbeitsplatzes mit einfließen kann. Der Nutzer muss nicht an einem Arbeitsplatz arbeiten, der von Architekten, Büroplanern oder Managern gestaltet wurde, sondern jeder Einzelne ist dazu berechtigt, seinen eigenen Stil zu verwirklichen. Dadurch erfahren die Arbeitnehmer, dass ihre Persönlichkeit auch am Arbeitsplatz von Bedeutung ist und dass auf ihre individuellen Wünsche zumindest in begrenztem Maße Rücksicht genommen wird.

Zuletzt schafft die Mitgestaltung des Arbeitsplatzes auch die Möglichkeit zur Kooperation der Arbeitnehmer. Die Zusammenarbeit der verschiedenen Partner, von denen jeder einen bestimmten Aufgabenbereich übernimmt, trägt dazu bei, dass eine möglichst optimale Arbeitsumwelt für jeden einzelnen Arbeitnehmer geschaffen wird (Sundstrom & Sundstrom 1986, 232 f.). Aus einer Studie von BOSTI (1981, vgl. Walden 1998, 272 ff.), stammte zudem ein sehr klarer Hinweis auf den Zusammenhang zwischen der Mitgestaltung des Arbeitsplatzes und der dortigen Zufriedenheit. Festgestellt wurde, dass diejenigen, die an der Gestaltung ihres Arbeitsplatzes teilhaben durften, eine höhere Zufriedenheit bezüglich ihrer Arbeitsumwelt und ihrer Arbeit zeigten als diejenigen, deren Arbeitsplatz von Architekten, Managern und Büroplanern gestaltet wurde.

Wir denken, dass die erbrachten Ergebnisse auf den Bereich Schule zu übertragen sind, da es auch hier sehr wichtig ist, durch Selbstgestaltung, Mitgestaltung und Personalisation eine möglichst optimale Lern- und Arbeitsatmosphäre zu schaffen, zumal diese dem Wohlbefinden und der Leistungsbereitschaft zugute kommt. Zusätzlich wirken die Selbstgestaltung, Mitgestaltung und Personalisation dem Auftreten von Vandalismus und aggressivem Verhalten entgegen.

Durch Selbstgestaltung können die Kinder und Jugendlichen ihre Identität und ihr kreatives Gestaltungsvermögen zum Ausdruck bringen und gleichzeitig für andere anschaulich machen. Erst durch die Selbstgestaltung kommt es zum „Identifikationseffekt“ mit dem Schulhaus und der Schulklasse; erst jetzt fühlen sich die Beteiligten mit den Räumlichkeiten verbunden. Die Selbstgestaltung kann das ganze Schulgelände betreffen, angefangen auf dem Schulhof bis hin zur Dekoration und Möblierung der Klassenzimmer. Es können erhebliche Kosten eingespart werden, da das Interesse der Nutzer klar definiert werden kann. So kann eine optimale Lernumwelt gelingen.

Schaffen einer anregungsreichen Umgebung. – Was heißt überhaupt, eine anregungsreiche Umgebung schaffen? Die Umgebung soll so gestaltet werden, dass sie für ihre Nutzer möglichst mit positiven Gefühlen wie Wohlbefinden und Zufriedenheit verbunden wird. "Eine gelungene Passung drückt sich subjektiv bei Nutzern z.B. in einer höheren Wohnzufriedenheit aus" (Walden 1998, 75). Dies kann erst geschehen, wenn „eine Passung zwischen der gebauten Umwelt und dem Menschen angestrebt wird".

Eine anregungsreiche Umgebung ist im privaten Bereich z.B. in der eigenen Wohnung oder im eigenen Haus recht einfach zu erlangen. Aber da nicht jeder Mensch die Umwelt gleich erlebt, kann es zu Schwierigkeiten in öffentlichen Bereichen kommen, da hier oft ganz verschiedene Charaktere zusammentreffen, und über „Geschmack lässt sich nicht streiten". Die Nutzergruppe ist in diesem Fall nicht mehr homogen, und die Umwelt verändert sich nicht. Was der eine als schön und anregungsreich empfindet, muss dem anderen noch lange nicht gefallen. Deshalb muss in öffentlichen Bereichen ermittelt werden, was vom Nutzer gewünscht wird. Mit Hilfe von „Checklisten objektiver Merkmale und subjektiver Einschätzungen der Nutzer" (ebd., 75) lassen sich gemeinsame Bedürfnisse bei Nutzergruppen z.B. Schulkindern leichter ermitteln. Gerade in der Schule ist es wichtig, dass in Zusammenarbeit mit den Lehrkräften eine angenehme Lernatmosphäre entsteht. Oft lassen gebaute Umwelten nur wenig Spielraum für das Entwickeln einer angenehmen Umgebung. Allerdings muss dann nicht resigniert werden, sondern es kann durch dekorative Eingriffe einiges verändert werden. Durch das Schaffen einer anregungsreichen Umgebung wird nicht nur das Wohlbefinden gefördert, sondern auch mutwilligen Zerstörungen entgegengewirkt. Beim Schaffen einer angenehmen Lernumwelt können hierdurch die Leistungsbereitschaft und die Lernleistung gesteigert werden.

Eigeninitiative. – Auch von Bedeutung ist, dass Eigeninitiative ergriffen wird. Dies bedeutet nicht nur, aus eigenem Handeln heraus Entscheidungen treffen, sondern auch eigene Hand anlegen. Gerade beim Bau von Umwelten, öffentlichen Umwelten wird dies zu sehr vernachlässigt. In Deutschland gibt es doch genügend Firmen, warum sollte der Nutzer denn selbst mithelfen? Dies ist gerade bei öffentlichen Räumlichkeiten der Fall. Initiativen werden kaum angeboten, das, obwohl gerade hier viele Kosten eingespart und Fehlplanungen verhindert werden könnten. Aber bei öffentlichen Umwelten erweist sich als Problem, dass in den meisten Fällen die eigentlich Betroffenen bis zum Zeitpunkt der Planung nicht bekannt sind. Wer soll denn da Eigeninitiative ergreifen, wenn es nicht um den privaten Bereich geht?

Selbststeuerung und Selbstkontrolle. – Die Schule kann sich den Veränderungsimpulsen im Feld tief greifender Veränderungen in Technik und Gesellschaft nicht entziehen. Sie muss Antwort auf diesen Wandel geben. Eine rhythmisierte Tagesplanung, eine differenzierte Lernorganisation, das Arbeiten mit bedeutsamen Inhalten, die fächerübergreifende Klammern haben, und der frühe Einstieg in eine Fremdsprache stellen Angebote dar. Neue Konzepte zielen darauf ab, die Lernprozesse selbst zu steuern und selbst zu verantworten. Die Schule als lernende Organisation hat den Auftrag, ihre Weiterentwicklung selbst in Angriff zu nehmen und Konsens herzustellen mit allen Beteiligten. Hierbei rücken Erziehungsziele, Inhalte und Sequenzen, methodische Aspekte und Erfordernisse und der organisatorische Rahmen in den Vordergrund und auf die Tagesordnung der Konferenzen; es bieten sich hier Gesamtkonferenzen unter Beteiligung der Elternvertreter und Schülervertreter an. Die Gesamtkonferenz erstellt und erhellt die Leitgedanken für die Gestaltung von Unterricht und Schulleben. Sie initiiert schulinterne Weiterentwicklung, sie erkennt die Bedürfnislage auf Seiten der Kinder und Jugendlichen und reagiert zeitgerecht.

Schulen müssen sich ändern!

Entscheidender Grund ist die Vielfalt der Schüler-Biographie, die als Bereicherung im Lern- und Begegnungsort Schule zu sehen ist und flexible Arbeitsweisen einfordert. Diese Vielfalt und Breite rufen nach schuleigenen Kriterien, nach Bemühungen und Perspektiven, die einer ständigen und kritischen Reflexion bedürfen. Herausforderungen werden spürbar. Doch das allein reicht nicht. Drängend werden die Fragen:

„Wie entsteht an unserer Schule eine Atmosphäre, die Stärkung und Geborgenheit bietet?“

„Haben wir eigene Ideen und Wege zum gemeinsamen Fortschritt?“

„Sind wir mit unseren Schülerinnen und Schülern auf einem erfolgreichen Weg?“

„Erkennen wir Umwege, Widerstände, unergiebige Stationen, Grenzen?“

„Dürfen unsere Kinder aktiv mitgestalten, werden Autonomie und Selbstständigkeit zugelassen und gestärkt?“

„Spüren wir zu viel Aktivismus, zu wenig Geborgenheit?“

„Wird die Bedürfnislage, wird der Anspruch des Einzelschülers aufmerksam erfragt?“

„Wer steht eigentlich im Zentrum des Unterrichts?“

Aus diesen Befunden sind Schlüsse zu ziehen – als Akt der Selbstvergewisserung, als Triebfeder für ein eigenes Schulkonzept. Interne Kontrollverfahren bringen Bestätigung, weitere Ansatzpunkte und neue Anstrengungsbereitschaft.

Wenn Schulen sich ändern, fällt der Blick zunächst auf Lehrpläne, unterrichtliche Verfahren und Leistungen. Schaut man auf das Raumangebot, stehen die Sozialformen in den eigentlichen Treffpunkten der Schüler im Vordergrund, gemeint sind das Schulhaus, der Klassenraum. Veränderungen rufen nach Konsequenzen im Gebäude. Raumteiler in Form von Schränken, Regalen und erweiterte Bewegungsflächen bis hin auf die Flure, das Brechen einer Tür zu einem Nebenraum, das Auslagern von Unterricht in die Bibliothek oder in eine geschützte Schulhofecke und das Aufspüren weiterer Raum-Ressourcen werden thematisiert. Neuzeitlicher Unterricht braucht Bewegung und Anregung, eine anregungsreiche Umgebung, die leicht erreichbar ist und zum gezielten Zugriff verleitet. Wandtafel, Wandkarte und Tageslichtprojektor sind nicht mehr alleiniger Dreh- und Angelpunkt. Der Architekt der Schule müsste sich „stellen“ und die jetzt erkennbare Dynamik in einem machbaren Plan niederschreiben. Zu Beginn des neuen Jahrhunderts bleibt festzuhalten, dass der Schulbau dem Bedürfnis zeitgemäßer Pädagogik, wo sich Selbststeuerung, Eigendynamik, schulische Autonomie und konkrete Arbeit widerspiegeln, mit intelligenten Lösungen Rechnung tragen sollte.

Selbststeuerung und Selbstkontrolle sind korrespondierende Größen und benötigen Gestaltungs- und Entfaltungsraum. Anderenfalls sind nachfolgende sich wandelnde Arbeitsfelder bzw. Entwicklungen unserer Ansicht nach nicht erreichbar:

- Schulklima
- Schulkultur
- Lernkultur
- angemessene Förderung
- Teamfähigkeit
- Kooperation
- Anstoß zur Fortentwicklung
- Bereitschaft zum lebenslangen Lernen.

Die in der Literatur viel genannte Selbstevaluation kann nur durch ständige Rückgriffe verwirklicht werden. Natürliches Lernen und systematisches Lernen finden ihre Reife im selbstgesteuerten Lerngang. Diesem Lerngang dienen eine anregungsreiche Umgebung und geöffnete Räume, einbezogen sind Winkel, Nischen, Sitzecken, Gruppentische, Rückzugsecken, „Lieblingsbereiche“, der Sitz am Fenster, der Stuhl an der Stehlampe, der Platz am Computer. Rhythmisierung und Lernphasen rütteln stark am alten Gepräge des Klassenbildes. Räumliche Ressourcen stehen obenan; die Klasse geht „in die Breite“, eine Tatsache, die wegweisend für Renovierungen und Neubauten von Schulen ist.

Aneignung. – Unter Aneignung versteht man einen Vorgang, „in dem die objektive Umwelt in eine subjektive und persönlich bedeutsame Umwelt umgewandelt wird“ (Werner et al. 1985; vgl. Walden 1998, 63). „Die Aneignung des Raums ist das Resultat der Möglichkeit, sich im Raum frei bewegen, sich entspannen, ihn besitzen können, etwas empfinden, bewundern, träumen, etwas kennen lernen, etwas den eigenen Wünschen, Ansprüchen, Erwartungen und konkreten Vorstellungen Gemäßes tun und hervorbringen zu können“ (Chombart de Lauwe 1977, S. 6). Aneignung gilt als eine besondere Form „zielgerichteter Verhaltensweisen, als ein interaktiver Prozess des Mensch-Umwelt-Verhältnisses, etwas zu etwas Eigenem zu machen, in Besitz zu nehmen“ (Chombart de Lauwe 1977 lt. Walden 1993, 70). Mit Aneignung kann man auch einen Lernprozess bezeichnen; die Schüler haben sich den Lernstoff erfolgreich angeeignet!

Wir möchten uns allerdings auf die architekturpsychologische Definition von Aneignung beschränken. In deren Fachsprache wird Aneignung wie folgt gedeutet: Eigene Ausdrucksformen von Umweltkontrolle zu haben, sich die Umwelt zu eigen machen, sie zu nutzen, mit ihr Bedeutung zu verbinden und sie den eigenen Plänen entsprechend zu verändern (Lynch 1976, S. 35).

Aneignung schafft die Voraussetzung, dass der Mensch sich mit seiner Umwelt identifizieren kann. Auch in der Schule sieht man Aneignungen durch die Nutzer. Diese finden nicht nur statt, um die Räume zu verändern, sondern auch zur Abgrenzung anderer Bereiche. In Form von Selbstgestaltung, Mitgestaltung, Wahlfreiheiten und im Optimalfall durch eigene Planung können Nutzer sich ihre Umwelt aneignen. „Die sichtbaren Spuren des Aneignungsprozesses sind eng mit dem Image von Zuhause verbunden" (Donnelly 1980, p. 30; Walden 1993, 71). Man benutzt sie als Mittel des Ausdrucks „Hier möchte ich mich aufhalten!" Eine negative Form der Aneignung ist Vandalismus. Je offener Architektur für Aneignung ist, desto mehr ist Fehlplanungen entgegenzuwirken. Flexibilität der Räumlichkeiten ist hier gefragt. Gerade im schulischen Bereich sollten die Räume so gestaltet sein, dass sie Aneignungen auf Schülerseite, aber auch auf Lehrerseite z.B. durch problemloses Umsetzen offener Unterrichtsformen in den Räumen ermöglicht.

Aneignung kann vom Einzelnen, aber auch von einer Gruppe ausgehen und dadurch das soziale Miteinander und das Wohlbefinden fördern. „Im Maße, in dem der Mensch sich etwas aus seiner Umwelt aneignet und es damit – durch Bearbeitung und Nutzung – zu etwas ihm Eigenen macht, spiegelt der Gegenstand die Aktivität des Menschen wider. Diese Bemühungen werden von zunehmenden Gefühlen, von Zugehörigkeit und je nach Erfolg von Wohlbefinden begleitet" (Graumann 1996).

3.10 Ökologische Merkmale

Geruch. – Geruch empfindet man, er ist subjektiv. Diese Empfindung kommt über Riechzellen in den Nasenhöhlen zustande und beruht auf chemischen Reizungen. Geruch kann stören, wenn sich z.B. in der Nähe des Schulgebäudes eine Kläranlage befindet oder unmittelbar neben dem Klassenzimmer die Sanitärräume liegen. Dies hat mit Sicherheit negative Auswirkungen auf das Wohlbefinden der Schüler und der Lehrer. Es geht sogar die Rede von einem spezifischen Aroma. Die Aromatherapie hat gerade in den letzten Jahren starken Zuspruch erlangt. Auch in manchen Klassenzimmern findet man künstliche Aromen, denen die verschiedensten Wirkungen zugesprochen werden.

Wie Studien ergaben, werden durch angenehme Düfte (Blumenduft versus Zitronenduft) mehr Aufmerksamkeit, ein gesteigertes Wohlbefinden und höhere Leistung erreicht (Baron & Thomley 1994 lt. Perings 1999, 72). Hierbei muss allerdings beachtet werden, dass Gerüche immer subjektiv empfunden werden, auch wenn manchen Gerüchen eine einheitliche Wirkung zugeschrieben wird. Besser scheint es allerdings zu sein, wenn die Kinder die Chance haben, in der Natur Gerüche wahrzunehmen und zuzuordnen. Gerade im offenen Unterricht ist die Erfahrung der einzelnen Sinne wieder in den Vordergrund getreten. Unser Geruchssinn weist auch eine starke Adaption auf. Wenn wir uns z.B. lange in einem schlecht belüfteten Raum aufhalten, fällt uns die zunehmende Verschlechterung nicht mehr auf.

Geruchsstoffe sind Chemikalien. Industrielle Anlagen gelten als Hauptverursacher, aber Geruch kann auch durch die Landwirtschaft, den Straßenverkehr oder durch menschliche Aktivitäten ausgelöst werden. Viele Menschen fühlen sich durch Gerüche beeinträchtigt und reichen Beschwerden in Ämtern ein.

Über Feldstudien und Laborexperimente konnte ermittelt werden, dass kognitve Kompetenzen durch unangenehme Gerüche beeinträchtigt wurden. So erfolgt sogar eine niedrigere Leistungsbereitschaft bei unangenehmen Gerüchen, weiterhin wurde bei visuellen Suchaufgaben weitaus mehr Zeit in Anspruch genommen. Eine Stimmungsbeeinträchtigung sowie aggressives Verhalten sind als weitere Folgen nicht auszuschließen (vgl. Homburg & Matthies 1998, 110).

In öffentlichen Gebäuden sollte auf eine spürbare Geruchsbelästigung, die zu Beeinträchtigungen führen kann, geachtet werden. Schulbauten sind öffentlich und bedürfen eines hygienischen Feingefühls.

Wände. – Bei den Wänden muss man erst einmal zwischen Außen- und Innenwänden unterscheiden. Die Außenwände haben nicht nur die Funktion der Statik, sondern auch die des Klimaschutzes. Sie müssen vor Regen, Kälte, Frost, starkem Wind, zu starker Sonneneinstrahlung, vor raumseitiger Feuchtigkeit schützen und Wärme speichern. Zudem sind ein guter Schallschutz und eine gute Tragfähigkeit erwünscht. „Man hat bei Außenwänden die Wahl zwischen

- massiven, einschaligen Wänden,
- mehrschaligen Wänden,
- Wänden, die aus Rahmen und Schalung bestehen“ (Pott 1993, 54).

Massive, einschalige Wände haben den Vorteil, nicht nur wärmedämmend zu sein, sondern auch wärmespeichernd. Sie sind einfach zu errichten und kaum anfällig für Schäden, zudem kostengünstig im Erstellen. Für diese Außenwände kommen die Materialien Holz, Ziegel und Leichtbetonsteine in Frage. Mehrschalige Wände haben den Vorteil, dass sich durch sie niedrige k-Werte (Wärmedurchgang) erzielen lassen. Durch mehrschichtigen Aufbau kann man die positiven Eigenschaften von Baustoffen nutzen und weniger gute Eigenschaften ausgleichen.

Der Holzskelettbau hat eine Reihe guter Eigenschaften. Er weist nicht nur eine gute Wärmedämmung und ein gutes Feuchtverhalten auf, sondern auch ein ausgezeichnetes Raumklima. Da reine Holzbauten in Deutschland keine Tradition haben, wäre eine Holzständerbauweise mit Leichtlehmausfachung und normalem Außenputz schon eine überlegbare Alternative.

Bevor man sich jedoch für das Material der Außenwände entscheidet, müssen die klimatischen und topographischen Gegebenheiten sorgfältig untersucht und geprüft werden. Bei den Innenwänden wird unterschieden zwischen tragenden und nicht tragenden Wänden. Ein besonderes Augenmerk bei den Innenwänden steht dem Schallschutz zu. Ein höheres Wärmedämmvermögen ist nicht notwendig, aber genau wie die Außenwand sollte die Innenwand auch Wärme speichern und „Feuchtigkeit aufnehmen und abgeben können sowie Gase und Gerüche aufnehmen, um so ein gutes Raumklima zu schaffen“ (ebd., 50).

Je schwerer eine Wand ist, desto besser kann sie Schallschutz gewähren. Eine homogene massive Innenwand ist hier am besten geeignet. Ziegel, aber auch Kalksteine besitzen mit ihren unterschiedlichen Rohdichten gute Schallschutzwerte. Alle Innenwände sowie Außenwände sollten aus den gleichen Baustoffen bestehen; dies beugt Rissen und Verformungen vor.

Wichtig ist vor allem bei den Innenwänden, ein gesundes Leben in den Räumen zu ermöglichen. Dies wird nicht nur von den Baustoffen selbst bestimmt, sondern auch von der Oberflächenverkleidung. Hierzu gehören nicht nur die Verputze, sondern auch die Anstriche. Wichtig ist, „dass man großräumige Flächen nicht versiegelt, sondern dass sie Diffusionsstoffe bleiben, die keine Schadstoffe abgeben, elektrisch neutral, feuchtregulierend und elastisch sind" (ebd., 50). Im Innenbereich eignet sich Naturgips oder Weißfeinkalk, dadurch wird ein optimales Raumklima erreicht. Man sollte gerade bei öffentlichen Bauten Kunststoffputze vermeiden. Wenn man vom Standpunkt des gesunden Bauens ausgeht, sind diese absolut überflüssig. Nicht nur von ihrer Herstellung aus, sondern bis zu ihrer Entsorgung sind sie gesundheitsgefährdend und umweltbelastend.

Böden. – Im Laufe des Tages kommen die Menschen am meisten mit dem Fußboden in Kontakt. Deshalb spielen hier nicht nur die Kriterien „angenehm, gesund und schön" eine Rolle, sondern auch die Elastizität, das Wärmeverhalten, der Trittschall und das elektrostatische Verhalten. Viele negative Erscheinungen wie Allergien oder Erkältungen werden durch eine zu kalte, schlechte Bodenbeschaffenheit hervorgerufen. „Die wichtigsten Bodenbeläge sind:

- Stein
- Holz
- Textil
- Kunststoff
- Linoleum
- Kork" (ebd., 78).

Jeder der genannten Bodenbeläge hat Vor- und Nachteile, deshalb sollte man sich genau informieren und dann entscheiden, welches Material am geeignetsten für den jeweiligen Bau erscheint. Unserer Meinung nach trifft man bei Holzböden in den meisten Fällen eine gute Entscheidung. Holzböden sind auch heute noch im Preis-Leistungs-Verhältnis die optimale Lösung. Sie sind ein natürlicher biologischer Baustoff, haben eine hohe Dampfdiffusionsfähigkeit, eine gute Re- und Absorbtionsfähigkeit und tragen zu einem ausgeglichenen Raumklima bei. Sie gelten zudem als schwer entzündlich und geben im Brandfall kaum giftige Gase ab (vgl. Pott 1993, 78-79).

Waldorfschulen sind mit Holzböden versehen. Wir haben selber in einige Klassenzimmer Einsicht bekommen und konnten feststellen, dass Holzböden den Raum wärmer gestalten. Es ist uns keine Studie bekannt, die das Wohlbefinden in Verbindung mit dem Bodenbelag beschreibt, aber wir denken, dass die Materialwahl trotzdem einen Unterschied auf das Wohlbefinden ausübt.

Decken. – Sie haben nicht nur die Aufgabe, Lasten zu tragen und zu verteilen, „sondern sie verringern den Luftschall und den Trittschall und schützen zudem vor Wärmeverlust und Nässe. Standard ist heute die Stahlbetondecke, da hier schon geringe Stärken ausreichen, um die statischen Anforderungen zu erfüllen, zudem ist die Betondecke feuerbeständig und nässeunempfindlich“ (Pott 1993, 71). Stahlbetondekken sind jedoch in den meisten Fällen nicht nötig. Sie haben mehrere Nachteile wie „lange Austrocknungszeit, schlechte Feuchtigkeitsregulierung, zudem beeinträchtigt Stahlarmierung die natürliche Strahlung und das Erdmagnetfeld“ (ebd., 71). Ohne größere Probleme kann man Betondecken durch Holzbalkendecken oder Ziegeldecken ersetzen.

Energieeinsparung und finanzieller Aspekt. – „Maßnahmen zur Energie-Einsparung im Wohnungsbau waren seit dem sogenannten Ölschock im Jahr 1973 in Gang gekommen, abgesehen von weitsichtigen Vorreiter-Projekten“ (Eissler & Hoffmann 1988, 18). Voraussetzungen für Energieeinsparungen beginnen schon bei der Planung von Häusern und öffentlichen Bauten. Als Voraussetzung für einen minimalen Energieverbrauch gelten folgende Aspekte:

- „Ausrichtung des Gebäudes zur Sonne
- Vermeidung von Wärmebrücken
- Verwendung von Wärmeschutzglas
- Wenig Fenster zur Nordseite hin
- Dämmläden
- Sinnvolle Anordnung der Räume zur Himmelsrichtung hin
- Verschiedenen Temperaturzonen im Gebäude
- Kontrollierte Lüftung mit Wärmerückgewinnung
- Nutzung, je nach Möglichkeit, der Sonnen- und Windenergie oder der Erdwärme“ (Pott 93, 58).

- „Die Fenster sollten mindestens Wärmeschutzverglasung mit Wärmedurchgangskoeffizienten kleiner 1,5 W/ (m^2K) aufweisen.
- Gedämmte Konstruktionen müssen sorgfältig gegen Luftzug abgedichtet sein (Luftdichtheit).
- Einsatz einer angepassten, effizienten Heizungstechnik:

Alle wärmeführenden Leitungen, aber auch Warmwasserspeicher und wenn möglich die Wärmeerzeuger sollten innerhalb der thermischen Gebäudehüllen untergebracht werden. Das spart auch Kosten" (Sto-Journal 2/99, 3). Energiesparendes Bauen wird immer dann von den Kosten her günstiger, wenn die Gebäude kompakt gebaut werden.

Das Bewusstsein der Menschen muss zum Energiesparen sensibilisiert werden! Motivation und Investitionsanreize müssen für energiesparendes Bauen geschaffen werden! „Ein Fortschritt ist die Einführung von Energieverbrauchszahlen. Sie beziehen sich auf die tatsächlichen und witterungsberechtigten Energieverbrauche je Quadratmeter. Diese Energieverbrauchszahlen müssen für alle Gebäude verpflichtend gemacht werden als Energiepass, um einen Anreiz für eine Verbrauchsverminderung und für eine Kontrolle von Heizanlagen und Nutzerverhalten zu geben. Die Energieverbrauchszahlen liefern dafür die notwendigen Informationen. Energiepässe sind das zentrale Arzneimittel zur Umsetzung der EnEV" (Eine neue Energiesparverordnung), (Energie Depeche Nr.3 1999, 26).

Gestaltung des Außenbereichs. – Wir sollten uns bewusst sein, dass jeder Neubau ein gravierender Eingriff in die Natur ist. Diesen Eingriff kann man zum Teil nur ausgleichen, indem man ihn durch Pflanzen (Bäume, Hecken, Naturwiesen, Blumen, Kletterpflanzen...) wieder massiv begrünt. Pflanzen um oder an einem Haus oder einem öffentlichen Gebäude bieten viele Vorteile:

- Sie schwächen Klimaschwankungen ab.
- Der Schatten der Pflanzen verhindert ein zu starkes Aufwärmen von Häusern und Straßen. Sie reinigen die Luft von Staub und anderen Schmutzstoffen. Die Luft selbst wird mit Sauerstoff angereichert, und die Luftfeuchtigkeit wird erhöht.
- Sie bieten Tieren (Vögel, Bienen, Käfer, Schmetterlingen und anderen Insekten) einen Lebensraum und bringen auch den Kindern ein erweitertes Naturerlebnis.

- Sie tragen zum Gebäudeschutz bei und bieten einen guten und billigen Sonnenschutz (Pott 1993, S193-199).

Laubbäume, insbesondere im Bereich von Südfenstern, bieten einen guten Sonnenschutz im Sommer und lassen in den Wintermonaten die wärmenden Strahlen ohne Hinderung hindurch (ebd., 193).

Aber Pflanzen dienen nicht nur dem Sonnenschutz, sondern auch dem Windschutz. Wenn keine Pflanzen vorhanden sind, führt dies bei starkem Wind zur Auskühlung und damit zur Energiesteigerung. „Neben den offensichtlichen Vorteilen sollte man aber nicht vergessen, dass Pflanzen darüber hinaus auch zum seelischen Wohlbefinden beitragen“ (ebd., 149).

Damit die Gestaltung des Außenbereichs durch Begrünung bei Schulen optimal verläuft, wird sie am besten im Verlauf eines Projekts durchgeführt. Es ist sehr wichtig, dass die einzelnen Pflanzen auf die entsprechenden Flächen abgestimmt werden. Auch kann z.B. auf Zäune als Abgrenzung verzichtet werden, indem man eine lebende Abgrenzung in Form einer Hecke anbringt. Damit die Kinder in den Pausen bessere Naturerfahrungen erleben, wäre es großartig, wenn auf einem Schulgelände ein Weiher oder ein Feuchtbiotop Platz finden würde. Die Klassen sollten auch eigene Beete zur Anpflanzung zur Verfügung gestellt bekommen; dies würde zu einem besseren Verständnis der ökologischen Kreisläufe führen. Aber nicht nur die Begrünung ist bei der Außengestaltung von Schulen wichtig, sondern es müssen auch Zonen geschaffen werden, die das Zusammentreffen, das soziale Miteinander fördern. Dazu eignen sich im Werkunterricht selbst hergestellte Sitzmöglichkeiten, die wetterfest imprägniert sind und auf dem Schulgelände aufgestellt werden. In den Pausen sollte den Schülern ein Ausgleich zur Bewegung gegeben werden. Nicht nur das Einzeichnen von Basket- oder Fußballfeldern ergibt sich hier, sondern auch das Aufstellen ganz verschiedener Spielgeräte, wie jene, die Hugo Kükelhaus für die Kinderwelt geschaffen hat. (siehe Fotos im Anhang). Wichtig ist, dass solche Erlebnisräume durch Partizipation der Kinder geschaffen werden. Auch bei der Pflege dieser Bereiche sollten die Kinder selbst Hand anlegen.

Umwelterzieherische Leitgedanken. – Umwelterziehung ist in Deutschland bereits als ein elementarer Bestandteil der zukunftsorientierten Bildung anzusehen. Dies war allerdings nicht immer so, erst seit den 70er Jahren wächst steigendes Interesse in diesem Themenbereich. Wie Forschungsergebnisse zeigen, wird das Wissen über Natur und Umwelt stärker durch die Schulbildung gefördert als durch Massenmedien oder das Elternhaus (vgl. Eulefeld 1996, 657). „Nur wenn Kinder bereits intensiv mit der Natur in Berührung kommen, werden sie sich später auch aktiv für den Schutz und die Erhaltung der natürlichen Lebensgrundlagen einsetzen“ (Umwelt Journal 21/99, 38; Buddensiek 1992). „Schule als Lern- und Lebensraum kann die Akzeptanz neuer Formen der Wahrnehmung, des Denkens und des Handelns entscheidend befördern“ (Deutsche Gesellschaft für Umwelterziehung 1995, 24).

In den letzten Jahren hat sich schon einiges zum Thema Umwelterziehung in der Schule getan. Trotzdem muss der Weg von der Theorie zur Praxis weiter geöffnet werden. Wissen ist vorhanden, Handeln ist gefragt! Praktisches Tun wie Mülltrennung wird heute in fast allen Schulen vorgenommen, Regenwasser wird gesammelt und zum Tränken von bepflanzten Beeten wiederverwendet. „Schule ist ein reicher Erfahrungsraum, in dem neue, auf Dauer angelegte Verhaltensweisen begründet werden können“ (ebd., 24). Gerade aus diesem Grund könnte jede Schule noch mehr Gelegenheit zum verantwortlichen und umweltgerechten Verhalten bieten! Deshalb muss Umwelterziehung als fester Bestandteil in den Erziehungsauftrag der Schule im Curriculum festgelegt werden.

Die entscheidende Frage ist jedoch, wie die Unterrichtsgestaltung verändert werden kann, so dass Umwelterziehung in ihrem vollen Anspruch, fächerübergreifend, praxisnah und handlungsorientiert eingebaut werden kann. Umwelterziehung wird zwar „in neun Schulfächern mehr oder weniger regelmäßig praktiziert: Sachunterricht, Biologie, Chemie und Erdkunde stehen dabei quantitativ vor Physik, Religion, Arbeitslehre/Technik, Wirtschaft/Politik und Hauswirtschaft. Dabei kommen aber spezifische Methoden, wie fächerübergreifendes und außerschulisches Arbeiten sowie selbständige Untersuchungen durch Schüler noch relativ selten vor“ (Eulefeld 1996, 657).

Die Schüler kommen überwiegend durch Arbeitsgemeinschaften oder Projektwochen mit dem Thema Umweltschutz in direkten Kontakt. Dies genügt aber nicht. Es ist eine praxisorientierte Sensibilisierung vonnöten. Themen wie „Klima“, „Tropenwaldzerstörung“, „Ozon“, „Wasservergiftung“ usw. sind nur im seltensten Fall direkt zu erfahren. Sie müssen transparent gemacht werden, indem ihre Problematik nicht verharmlost wird, sondern sachgerecht dargestellt und demonstriert wird. Hier ist die Zusammenarbeit mit Umweltzentren erwünscht und zudem das Engagement der Lehrkraft gefordert.

„Umwelterziehung ist ein unverzichtbarer Teil einer vorsorgenden Umweltpolitik. Es sind geeignete pädagogische Konzepte zu entwikkeln, damit Information, Aufklärung und Bildung ihre zentrale Rolle bei der Förderung nachhaltiger Entwicklung und der Verbesserung der Fähigkeit der Menschen, Umwelt- und Entwicklungsprobleme gleichzeitig und koordiniert zu bewältigen, spielen können“. Dieses Gedankengut ist derart bedeutsam und wertvoll, dass es bei der Neuanlage einer Schule ein besonderer Leitfaden – auf pädagogischer und architektonischer Seite – sein sollte. Umwelt ist als Mitwelt zu sehen!

3.11 Organisatorische Merkmale

Beim Einzug in eine neue Schule werden bei der Schlüsselübergabe durch den Architekten einzelne Regieanweisungen bekannt gegeben; vorgestellt werden technische Details wie das Öffnen der Fenster, das Bedienen der Jalousien, das Be- und Entlüften, die einzelnen Zuwegungen und die Erreichbarkeit der Klassen und Sonderräume. Fragen des Feuerschutzes und der Sicherheit schließen sich an und werden als vorbildlich gelöst bezeichnet. Das alles hat weniger mit der Annahme des Gebäudes zu tun!

Entscheidend sind der angenehme und wohnliche Charakter im Innern der Gebäude und Trakte, die ausstrahlende Freundlichkeit, die sympathische Farbgestaltung, der Verzicht auf bauliche Gradlinigkeit und Eintönigkeit und die Leichtigkeit in den täglichen Abläufen. Selbstverständlich sind die nachfolgend beschriebenen Momente wichtig, nicht aber derart dominierend, dass die Beschilderung überhand nimmt und jede Tür/ jeder Bereich reglementiert ist. Mit etwas vertraut sein heißt eher: Erkunden, kennen lernen, annehmen, sich heimisch fühlen. Wenn Grundschulkinder sich insgesamt jährlich 1000 Stunden in einem Gebäude aufhalten, lernen und ein Stück Leben dort verbringen, bedarf es keiner strammen und übermäßigen Beschilderung; es kann alles sehr dezent angebracht sein. Symbol-Zeichen und durchgeführte Erkundungen, einbezogen das Verhalten beim (Probe)-Alarm, sind schülergerecht und realitätsnah.

Leichtigkeit der Erschließung. – Für die Erleichterung der Erschließung einer Schule sind mehrere Kriterien von Bedeutung. Zum einen hat dies mit der Anordnung der Eingänge und Treppen zu tun und zum anderen mit Hinweisen in Form von Schildern oder Symbolen. Durch eine rasche Erschließung wird den Schülern ein leichtes Zurechtfinden im Schulhaus ermöglicht. Stress wird vermieden und Wohlbefinden erzeugt. Dort, wo man sich auskennt, fühlt man sich heimisch und sicher!

Anordnung der Eingänge, Treppenaufgänge, Klassen- und Fachräume. – Das gemeinsame Unterrichten nicht behinderter und behinderter Kinder wird als pädagogische Innovation und als kommendes schulisches Selbstverständnis beschrieben. In Schulgesetzen einiger Bundesländer ist bereits die Integration festgeschriebene Sache. Deshalb brauchen Schulen Räume, die für jeden gut erreichbar sind. Um Gehbehinderten alle Zugänge zu ermöglichen, müssen Rampen und Aufzüge vorhanden sein. Somit sind die Betroffenen von keinem Ort ausgeschlossen.

Die Eingänge sollten gut sichtbar, erkennbar und auch überdacht sein. Falls mehrere Eingänge vorhanden sind, sollten diese auch beschildert sein. Um sie behindertengerecht zu gestalten, müssen sie breit genug sein und z.B. mit Drehflügeln oder Schiebetüren mit automatischer Öffnung ausgestattet sein. Das soll jetzt nicht heißen, dass keine Treppen mehr im Schulhaus sein dürfen. Nach Kükelhaus soll nämlich gerade das geschädigte Körperteil/ Organ, welches eingeschränkt ist, besonders gefördert werden.

Treppen sind in jeder Schule von besonderer Bedeutung. Hugo Kükelhaus drückt dies noch ein wenig deutlicher aus, indem er sagt: „Kindern fällt es schwer, das Hüpfen beim Gehen zu unterlassen. Auch laufen sie gern Treppen auf und ab. Ihr Leben, Leben überhaupt, ist dreidimensionale Bewegung. Aber in den Schulen sind die Kinder dazu verdammt, sich wie Kriechwesen zu verhalten: ein- und zweidimensional! Schulen, alle Bildungsstätten müssten zur Hälfte Treppenhäuser sein. Lernen und Lehren sind Stufengänge." (Münch 1998, 69). Wie die Treppen angelegt sind, zeigt sich im architektonischen Konzept des Baus. Wie die Klassen- und Fachräume angeordnet sein sollen, liegt auch frei in der Entscheidung des Architekten und der späteren Nutzer. Hier gibt es kein Patentrezept! Auch gibt es keine Studien darüber, ob eine bestimmte Anordnung positive oder negative Folgen mit sich bringt.

Sicherheit. – Sicherheit ist ein weit greifender Begriff, man verwendet ihn nicht nur um die „Mensch-Umwelt-Relation zu beschreiben und zu erklären, sondern das Wort „Sicherheit" wird auch zur Charakterisierung von Umwelten verwendet" (Flade 1998, 60). Eine Umgebung, ein Gelände oder ein Gebäude werden z.B. als sicher bezeichnet, wenn sich dort wenig Verkehrsunfälle, Raubüberfälle, Einbrüche und dgl. mehr ereignen (ebd., 60), ein Gelände gilt als sicher, wenn sich dort technische Schutzmaßnahmen z.B. gegen Feuer oder Erdbeben befinden. Dies ist in sicherheitstechnischen Vorschriften auch für den Schulbau festgelegt. Wenn gegen sie beim Planen verstoßen wird, kann dies fatale Folgen haben. Das Leben der Nutzer kann in Extremsituationen leichtsinnig aufs Spiel gesetzt werden. Sicherheitsmaßnahmen können beim Baumaterial anfangen und beim Einsetzen feuerfester Türen und dem Anbringen von Nottreppen enden. Wichtig ist, dass diese Bereiche deutlich erkennbar und markiert sind.

„Die objektive Sicherheit eines Orts oder Gebietes wird an Verkehrsunfall- oder Kriminalstatistiken abgelesen." Die objektiven und die subjektiven Eindrücke stimmen oft nicht überein (ebd., 60). Sicherheit in Bezug auf Mensch-Umwelt-Relation beinhaltet sowohl die Wahrnehmung der Umwelt als sicher, zusätzlich geht es um das Verhältnis des Menschen zur Umwelt. Der Mensch, der sich seiner Umwelt sicher ist, besitzt Umweltvertrauen. Dies beinhaltet nach McKechnie (1977) eine allgemeine Aufgeschlossenheit und Sensibilität gegenüber der Umwelt, Zutrauen in die eigenen Fähigkeiten, sich in der Umwelt zurechtzufinden sowie das Gefühl, geschützt zu sein.

Beschilderung und Orientierung. – Ein Kriterium, das Umwelten unterscheidet, ist die Schwierigkeit bzw. Leichtigkeit, in der man sich in ihr zurechtfindet. Zum einen hilft uns hier unserer Orientierungssinn und auf der anderen Seite eine gut sichtbare, lesbare Kennzeichnung durch Schilder. Je vertrauter ein Mensch mit seiner Umwelt oder einem Gebäude wird, desto intensiver werden Vorstellungen über die räumlichen Beziehungen zwischen den Elementen und Komponenten dieser Umwelt.

Orientierung im Bereich von Schulen beinhaltet gut sichtbare Hinweise und Hilfestellungen, die es dem Schüler, den Lehrkräften und anderen Nutzern erleichtern, sich in den meist aus mehreren Gebäuden bestehenden Komplexen zurechtzufinden und zu orientieren. Gerade die Beschilderung kann von entscheidender Bedeutung sein, wenn es zu Ausnahmesituationen im Gebäude kommt. Beschilderung bedeutet nicht nur, dass die einzelnen Räume eine Aufschrift und Kennzeichnung tragen, sondern entscheidend ist die Kennzeichnung von Fluchtwegen und Notausgängen; diese können in manchen Situationen lebensrettend sein. Die Beschilderung soll neuen Schülern auch helfen sich schneller zurechtzufinden und sich schneller einzuleben und wohl zu fühlen. Der Trend geht allerdings in eine andere Richtung: Schüler sollen ihr Schulhaus erkunden. So auch die Intention des Architekten Zvi Hecker (Architekt der Heinz–Galinski Schule in Berlin Grunewald), der labyrinthische Raumfolgen mit gekurvten, höhlenartigen Stegen (von den Schulkindern „Schlangengänge" genannt) geschaffen und es zur Aufgabe gemacht hat, in der „kleinen autonomen Stadt neugierig und abenteuerlustig zu forschen und zu entdekken." (Weachter-Böhm Internet 1996, Stichwort: Heinz-Galinski Schule).

Ob dies allerdings in Notfallsituationen vorteilhaft und kindgerecht ist, werden wir – so bleibt zu hoffen – nicht erfahren müssen.

3.12 Offener Unterricht

„Im Unterricht sollte es so oft wie möglich zu Ergebnissen kommen, die man anfassen oder vorführen, mit denen man spielen oder arbeiten kann, die augenblicklich und auch später noch für die Schüler Gebrauchswert haben" (Meyer 1989, 402; vgl. 1999). Durch Handlungen können die Schüler viel lernen, und das ganze Unterrichtsgeschehen kommt in ein neues Licht. Durch handlungsorientierten Unterricht, was soviel bedeutet wie „ein ganzheitlicher und ein schüleraktiver Unterricht, in dem die zwischen dem Lehrer und den Schülern vereinbarten Handlungsprodukte die Organisation des Unterrichtsprozesses leiten, so dass Kopf- und Handarbeit der Schüler in ein ausgewogenes Verhältnis zueinander gebracht werden können" (vgl. ebd., 402), wird der Unterrichtsverlauf offener, interessanter, spannender, aber auch risikohaltiger. Die Schüler, aber auch die Lehrer können sich mit dieser Art von Unterricht besser identifizieren.

Schülerpersönlichkeit und Teamarbeit. – Die Welt der Kinder hat sich gerade in den letzten 10 Jahren in Deutschland tief greifend verändert. Mehr als 50% der Kinder wachsen ohne Geschwister auf, mehr als 2 Millionen leben nur mit einem Elternteil, der Ausländeranteil steigt exponentiell an. Hinzu kommt, dass in vielen Familien Erziehung kaum mehr stattfindet. Die play-station oder andere moderne Medien sind Ersatz für die Zuwendung von Eltern. Die Gewalt in Schulen und das Mobben von Klassenkameraden steigen an. Klar formuliert ist das Bildungs- und Erziehungsziel in den einzelnen Landesverfassungen. Nahezu übereinstimmend werden in den Vordergrund gestellt:

- Selbstständiges Urteilen,
- eigenverantwortliches Handeln,
- mitverantwortliches Denken,
- das Sich-Befähigen für Dienste in der Familie, in der Gesellschaft, im Staat und im Miteinander der Völker (lokal-national-international-global),
- das Hinführen zur Achtung der Natur und Mitwelt und zur Ehrfurcht vor Schöpfung und Schöpfer schließt sich an.

Das Ansteuern von Schlüsselqualifikationen vollzieht sich in Lernprozessen, die auf Gemeinschaft ausgerichtet sind. Die einzelne Schülerpersönlichkeit wächst in gemeinschaftsfördernden Lernwegen; hierzu gehören Partizipation und Partnerschaft. Die Schüler organisieren selbstgesteuertes Lernen, vergeben Einzelaufträge, setzen einen zeitlichen Rahmen und finden sich in Lerngruppen ein. Hierbei spielen Neigung, Interesse und Talent eine Rolle. In Teams werden Lernschritte gemeistert, werden Zwischenergebnisse dokumentiert und die Suche nach weiteren Informationen abgesprochen. Besonders gewinnbringend ist dieser Gruppenunterricht dann, wenn es im Plenum zu einer Präsentation der einzelnen Ergebnisse kommt. Gesteigert wird die Vortragserfahrung der Kinder und Jugendlichen und die Sozialkompetenz. Die einzelnen Teams empfinden sich als Partnergemeinschaft und vertreten ihren Auftrag, ihren Erfolg und ihre Leistungen gemeinsam und teilen auch ihr Erfolgserlebnis. Sie verdeutlichen auch ihre Lernhemmnisse, Schwierigkeiten und Lösungsansätze; Hinweise auf andere Strategien und Variablen folgen in einer Reflexion. Förderlich für dieses Unterrichtsgeschehen sind das rasche Umstellen der Möblierung und die vom Raum vorgezeichnete „Leichtigkeit" einer Neugruppierung. Weitere Formen des sich öffnenden Unterrichts bieten sich mit Gewinn an.

Stationenlernen und Lernwerkstatt. – Wir möchten auf zwei Arten offenen Unterrichts eingehen. Diese Beschränkung im großen Feld der erweiterten Unterrichts- und Arbeitsformen gebietet sich aus Platzgründen.

Das Lernen an Stationen ist in der Literatur auch unter den Begriffen „Lern- und Übungszirkel, Lernstraße, Lernparcours, Stationenlernen, Stationenbetrieb" (PZ-Information, 2/97, 5) zu erkunden. Gerade in den letzten Jahren ist ein verstärktes Einbeziehen dieser Form des offenen Unterrichts zu bemerken. Der Ursprung des Stationenlernens ist schon 1920 im Dalton- Plan von Helen Parkhurst zu sehen. In dieser Zeit wurden Schüler schon im Rahmen innerer Differenzierung zum selbstgesteuerten Lernen motiviert. Zu Beginn war das Stationenlernen in Form von Zirkeltraining überwiegend im Sportunterricht zu finden, doch es ist mit der Zeit in fast allen Unterrichtsfächern erprobt worden und in das Unterrichtsgeschehen integrierbar. Wenn man es mit anderen Formen offenen Unterrichts vergleicht, merkt man, dass dem Lehrer eine offensivere, bessere und stärkere thematische Betonung möglich ist und die Schüler viel Eigenverantwortung und Freiheit haben. Mittelpunkt ist immer ein aus dem Lehrplan stammendes Arbeitsthema, es wird vom Lehrer in Teilthemen gegliedert und in Form von markierten (durch Farben, Zeichen oder Ziffern) Stationen im Klassenraum aufgebaut. Vor Beginn bekommt jeder Schüler einen Laufzettel, der bei der Organisation helfen soll, aber auch den Lehrer am Ende der Stunde Arbeitsfortschritte sofort erkennen lässt. In einem ersten Gespräch werden die Schüler in das Thema eingeführt, es folgt ein gemeinsamer Gang, bei dem die einzelnen Stationen erklärt werden. Dann beginnt die Arbeit an den Stationen. Die Schüler sollen möglichst ohne Hilfe des Lehrers arbeiten. Sie können die Reihenfolge der Bearbeitung selbst festlegen und auch die Sozialform selbst wählen. Es besteht kein Zeitdruck, jeder Schüler kann, solange er möchte, an einer Station arbeiten. Nachteil ist, dass nicht jedes Unterrichtsthema in Form eines Stationenlernens durchgeführt werden kann. Genügend Platz in der Klasse ist Voraussetzung, damit sich die Kinder beim Arbeiten nicht gegenseitig behindern.

Das Lernen wird vereinfacht, wenn die Lerngruppe Erfahrung im eigenständigen Lernen mit sich bringt. Es hat sich gezeigt, dass die Schüler in ihren Initiativen auch offensiv werden und bisweilen die Grenzziehung des Klassenraumes aufbrechen und ein Stück des Flures, ggf. einen nahen Ausweichraum oder ein Podest in der Nähe des Treppenaufganges als Außenstationen einbeziehen. Erweiterte Unterrichtsformen schaffen somit räumliche Erweiterung, eine Tatsache, die bei Architekten aufhorchen lässt und mehr als beachtenswert sein sollte. Hierbei ist zu bedenken, dass diese neuen Wege gar nicht so fortschrittsgläubig sind. Denkansätze für diese zeitgerechte unterrichtliche Auseinandersetzung gibt die Reformpädagogik um die Jahrhundertwende. Als Beispiel sei ein Blick nach Frankreich gestattet.

Der Grundschullehrer Célestin Freinet (1896-1966) hat dort gemeinsam mit anderen Lehrern die Bewegung der modernen Schule eröffnet, die mittlerweile als „Freinet-Pädagogik" bekannt ist. „Konsequente Praxisorientierung sowie die organisierte Zusammenarbeit der Lehrerinnen und Lehrer bilden die zwei tragenden Säulen dieses Konzepts. Es beruht auf der Auffassung, dass Arbeit ein grundlegendes und natürliches Bedürfnis des Kindes darstellt und seine Persönlichkeitsentwicklung maßgeblich beeinflusst" (Dreier 1999, 39). Es findet eine Verbindung „manueller, intellektueller und künstlerischer Tätigkeiten" statt. In den Mittelpunkt der kindlichen Aktion tritt die freiwillige, selbstgewählte und selbstverantwortliche Tätigkeit. Aktives Experimentieren statt Frontalunterricht im Klassenzimmer! Es kommt zur konkreten Beschäftigung mit einer Aufgabe. Die verschiedensten Werkzeuge und andere Materialien werden an Stelle herkömmlicher Arbeitsmittel eingesetzt. Wenn man nach Freinet arbeiten möchte, ist eine entsprechende Einrichtung der Klassenzimmer, ja des ganzen Schulgebäudes notwendig. Die Klassenzimmer sehen aus wie kleine Ateliers und haben einen werkstattähnlichen Charakter. Die Konstellation der Tische und abgegrenzte Zonen erlauben ungestörtes Arbeiten. Man kann nicht nur alleine, sondern auch in selbst zusammengestellten Gruppen arbeiten. Die Druckpresse und andere vielfältige Materialien und einfache Geräte befinden sich in den Klassenzimmern, die mit selbstgestalteten „Kunstwerken" prächtig geschmückt sind.

„Der Werkstattcharakter der Klassenzimmer ermöglicht den Kindern, sich frei zu bewegen und zu entfalten, als soziale Gemeinschaft miteinander zu arbeiten, sich wechselseitig anzuregen und zu unterstützen" (ebd., 40).

Chancen für neuzeitlichen Unterricht und zeitgerechten Unterricht. – Schulen haben an ihrem Standort, ob in ihrem Stadtteil, in ihrer Gemeinde oder in ihrer Region, spezifische Aufgaben. Die Lehrer formulieren in ihren Konferenzbeschlüssen unter Beteiligung der Eltern und Schülervertreter ihre Leitgedanken und definieren ihre Programme und schließlich ihre Profile. Richtschnur ist das Erkennen jetziger und kommender Bedürfnisse. Gesellschaftliche Veränderungen rufen nach unterrichtlichen Konsequenzen. Gestärkt werden müssen Ichkompetenz und Sozialkompetenz, Fach- und Methodenkompetenz, basierend auf Selbständigkeit und Selbsttätigkeit. Fast erübrigt es sich zu sagen, dass eine Revision der Curricula überfällig ist. Entscheidend sind die Bedeutsamkeit der Themen, ihr Lebensbezug, ihre Ergiebigkeit und ihr Transfergehalt. Von ganz wesentlicher Bedeutung ist, dass zu gegebenen Zeitpunkten auch ein Rollentausch von Lehrer und Schüler stattfindet. Gerade in Bezug auf neuzeitliche Medien gelten die „Jüngeren" oft als Experten, warum soll dieses Wissen nicht zum Einsatz kommen? Schüler unterrichten Schüler, vielleicht ein ganz effektiver und angenehmer Lernprozess!

Zukunftsperspektiven. – Der Auftrag der Schule wird auch in Zukunft feste Eckpunkte zu berücksichtigen haben. Unterricht und Schulleben werden sich auf die Schülerpersönlichkeit fokussieren und deren Entfaltung fördern. Zuwendung, Ermutigung, Stärkung des Selbstvertrauens und des Zutrauens, Leistungsbereitschaft und Motivation sind zeitlos gültige Faktoren. Medienkompetenz, wachsend aus Selbsttätigkeit und persönlichem Interesse, wird gefragt sein. Lernbereiche werden zusammenhängend und fächerübergreifend dominieren, und der Lehrer wird sich zurücknehmen – in der direkten Auseinandersetzung mit dem Lerngegenstand, nicht jedoch in der Aufbereitung und im Zuschnitt des Programms. Er ist „Regisseur", auch Mit-Lernender, Berater und Begleiter. Er wird viele Anteile des Unterrichtsgeschehens an die Schüler vergeben und das Sozialgefüge der Klassen/Lerngruppen festigen. Integration und Förderarbeit werden noch deutlicher zum Selbstverständnis. Dauerauftrag wird das, was in der Schulordnung für Grundschulen in Rheinland-Pfalz in §8(2), §9(2) artikuliert ist – ebenso in §1(3) der Übergreifenden Schulordnung: „Schüler können Hinweise zur Unterrichtsgestaltung und Anregungen zur Entfaltung des Schullebens geben“ (vgl. Schulordnung S.10). Wenn dies beherzigt wird, kann die Schule nicht in eine Schieflage geraten.

Individuum und Gemeinschaft bedingen einander. Sollen sie sich erfolgreich ergänzen, müssen Hindernisse ausgeräumt werden. Hemmnisse in der Raumgestaltung, in der Raumzuteilung, im räumlichen Angebot und im Lebensraum Schule müssen, da die Gebäude den Stempel der Dauerhaftigkeit tragen, überwunden werden. Denkbar sind offene Schullandschaften in den Trakten, Bereiche mit Lernwerkstätten, mit Stationen, mit „klassenlosen“ Verbänden, mit Labors und Bibliotheken, mit Archiven und Sprechzimmern.

3.13 Außerschulische Nutzung

Außerschulische Nutzung bedeutet, dass die Schule nicht nur für die täglichen Nutzer zugänglich ist, sondern auch für andere Menschen. Auf vielfältige Art und Weise kann das Schulgebäude/ Schulgelände von der Gemeinde und sogar der Region genutzt werden.

Öffnung der Schule in die Gemeinde(n). – Was bedeutet überhaupt „Öffnung der Schule“? Man könnte dreierlei darunter verstehen. „Einmal, den Unterrichtsprozess offen für die Selbsttätigkeit und Selbständigkeit der Schüler zu machen. Zum zweiten, den Unterricht zu öffnen, ihn fächerübergreifend und projektförmig zu gestalten und in ein differenziertes Schulleben einzubinden. Drittens geht es darum, die Schule gegenüber ihrem schulischen Umfeld zu öffnen. Diese Öffnung darf keine Einbahnstraße sein! Es geht nicht nur darum, dass die Schüler hier und dort einen Erkundungsgang, eine Klassenfahrt oder ein Praktikum machen, sondern ebenso darum, dass Fachleute, Eltern, Politiker, ehemalige Schüler usw. in die Schule geholt werden, um Rede und Antwort zu stehen, um bei Projekten mitzumachen und insgesamt den Unterricht inhaltlich zu bereichern und lebendiger zu gestalten“ (Meyer 1989, 420; vgl. 1999).

Wenn Handlungs- und Unterrichtsergebnisse an die Öffentlichkeit weitergehen, erhalten die Schüler sowie Lehrkräfte Kritik, aber auch Lob. Es eröffnen sich neue Möglichkeiten; bei fruchtbaren Arbeitsergebnissen kann sich die Schule an gesellschaftlichen Auseinandersetzungen wie z.B. "Umwelt- und Friedensarbeit, Kommunalpolitik, Kulturarbeit, Städtepartnerschaft usw." (ebd., 420) beteiligen. Dass dies möglich ist und nicht zu einer „parteipolitischen" einheitlichen Gesellschaft führt, wurde schon in zahlreichen Projektwochen unter Beweis gestellt. Öffentlichkeit soll von den Schülern selbst hergestellt werden, dies gilt als anzusteuerndes Lernziel.

Nicht nur die Schüler sollen sich in der Öffentlichkeit präsentieren, sondern auch die Öffentlichkeit soll die Möglichkeit haben, die Schule in Freizeit und Abendveranstaltungen nutzen zu können. Schule soll nicht nur eine Stätte sein, in der sich Lernprozesse abspielen, sondern auch ein offenes Haus sein, in dem sich jedermann wohl fühlt.

Platzierung gemeinschaftsfördernder und bildungsrelevanter Einrichtungen. – Durch die Öffnung der Schule entstehen ganz neue Verbindungen zur Gemeinde und zur außenstehenden Bevölkerung. Vielen Schulleitern ist es bereits gelungen, örtliche Sportvereine zu überzeugen, an Schulen Sportarten anzubieten. Andererseits können aber auch im Rahmen von Abendbildung von Seiten des Volksbildungswerks Kurse in den Schulräumlichkeiten angeboten werden. Dies können z.B. Computerkurse, Schwimmkurse, Schreibmaschine und Stenographie, bisweilen auch noch Fremdsprachenkurse sein. Auch soll der Pausenhof nicht nur in den dafür zugewiesenen Pauseneinheiten genutzt werden, sondern in der Freizeit als freie Spielzone an Attraktivität gewinnen. Die Nachbarschaft sollte ein Bewußtsein für den Pausenhof als gemeinsamen öffentlichen Platz entwickeln (Flade, 1998). Auf dem Außengelände der Waldorfschule Köln wurden z.B. von den Schülern selbst angefertigte Halflines aufgerichtet, diese wurden nicht nur von internen Schülern zum Skaten und Inlinen genutzt, sondern auch von Jugendlichen der Umgebung. Dies ist nicht nur positiv, um Bekanntschaften zu schließen, sondern beugt auch Vandalismus durch Externe vor.

Freie Teerflächen auf dem Pausengelände können zum Markieren eines Fahrradparcours dienen. Das gibt Kindern die Möglichkeit, ungestört und ohne Gefahren – auch in ihrer Freizeit – Rad zu fahren.

Das Schulgelände sollte ein Ort sein, an dem sich Jung und Alt treffen und miteinander feiern können. Oft verfügen Schulen über Festsäle oder Aulen. Diese sollten von der Gemeinde genutzt werden können. Erst durch solche Prozesse kann die Schule in die Gemeinde integriert werden.

Erwachsenenbildungs-Zentrum. – Aufgrund der Tatsache, dass die Kinderzahl in Deutschland immer mehr sinkt, „in mehr als 50% der bundesdeutschen Familien wachsen Kinder ohne Geschwister auf“ (Spiegel Nr.35 1994, 41), muss man in die Planung von Schulbauten mit einbeziehen, dass die Räume mit der Zeit umfunktioniert werden können. Schulen benötigen also flexible Räume, die auch andersartig genutzt werden können. Schule bietet den optimalen Raum für Abendbildung. Warum sollen nicht dort, wo Kinder tagsüber lernen, Eltern oder andere Erwachsene am Abend lernen? Mitbenutzt werden selbstverständlich Bibliothek, Lehrküche, Werkraum, Computeranlagen, Informationstechnische Medien und archivierte Vorräte. Vielerorts hat der „Offene Kanal“ seine Tätigkeit aufgenommen und erfreut sich guten Zuspruchs. Kinder und Erwachsene haben somit ein gemeinsames Haus mit dem gemeinsamen Ziel: Lebenslanges Lernen. Zukünftiges Kennzeichen der Schulanlagen wird der Service-Charakter sein mit Einladen – Verweilen – Lernen – Teilhaben.

3.14 Fazit

Vielleicht wird es die Schule der Zukunft wirklich nie geben, weil immer irgendetwas besser sein könnte; dargestellt wurden in diesem Abschnitt ganz verschiedenartige räumliche Bedingungen, die zur positiven Gestaltung beim Schulbau und der Umgestaltung von Schulen von großer Bedeutung sind. Die Farbgebung, eine passende Beleuchtung, die richtige Raumtemperatur und Raumbelüftung, ein guter Schallschutz und eine sorgfältig bedachte Akustik sowie die passende Möblierung sind entscheidend für das Wohlbefinden und die Lernbereitschaft bei den Schülern sowie dem Lehrpersonal und anderen Nutzern.

Da die Schule ein öffentlicher Bereich ist, den verschiedene Menschen verschiedener Altersklassen in Anspruch nehmen, muss versucht werden, ihn möglichst nach Interesse aller Beteiligten positiv zu gestalten.

Da dies oft nicht einfach ist, rät es sich, Experten mit einzubeziehen, die im Interesse der Nutzer versuchen eine möglichst harmonische, freundliche und angenehme Lernatmosphäre zu schaffen.

In diesem Kapitel haben wir außerdem versucht, Prozesse und Bedürfnisse zu beschreiben, die für das Wohlbefinden und das soziale Miteinander der Nutzer von großer Bedeutung sind.

Die Identifikation mit dem Schulhaus ist äußerst wichtig. Voraussetzung für sie ist die Partizipation, die Teilhabe an Mitbestimmung und Durchsetzung der eigenen Interessen. Erst durch sie können die Nutzer sich heimisch fühlen, und Aggressionen und Vandalismus können sich nicht ausbreiten.

Äußerst wichtig sind die Selbstgestaltung und die Aneignung der Schüler. Durch diese Prozesse wird ihnen die Möglichkeit gegeben, sich konkreter mit ihrer Lernumwelt zu beschäftigen und sich mit ihr zu identifizieren. Dadurch wird nicht nur das Wohlbefinden gesteigert, sondern auch die Leistungsbereitschaft und die Lernbereitschaft erhöht.

Bedeutend ist hier auch die Möglichkeit des Rückzuges in Privatbereiche. Diese findet die Klassengemeinschaft in ihren Klassenzimmern. Zu wenig Beachtung findet die Möglichkeit, dass einzelne Schüler sich zurückziehen können. Klar ist, dass nicht jeder Schüler ein eigenes Zimmer haben kann, aber kleinere Nischen oder Galerien, die Privatheit andeuten, sollten schon vorhanden sein. Gezeigt wurde, dass die Architektur im Innern sowie im Außenbereich bestimmend ist für spätere Vorhaben.

Ökologische Merkmale sollten besondere Berücksichtigung im Schulbau finden, da sie über gesunde Bedingungen entscheiden. Zu beachten sind die Baumaterialien; sie sollten möglichst aus der heimischen Umgebung stammen, umweltfreundlich und keinesfalls gesundheitsschädigend sein.

Organisatorische Momente sowie Anordnung der Räumlichkeiten, ihre Beschilderung und der vorhandene Sicherheitsschutz prägen das Schulbild.

Umwelterziehung gilt mittlerweile in Deutschland als Bestandteil der Erziehung, sie muss in Schulen sach- und fachgerecht präsentiert werden. Zur zukunftsorientierten Bildung gehören auch die erweiterten

Unterrichtsformen wie Stationen-Lernen und Lernwerkstattunterricht, bei denen das Handeln des Schülers und seine Persönlichkeit im Mittelpunkt stehen.

Die außerschulische Nutzung tritt immer mehr in den Vordergrund. Hier entstehen neue Verbindungen zur Gemeinde, nicht nur in Abendkursen und Veranstaltungen für Erwachsene. Ebenso erfolgt ein Zugewinn der Schule an Attraktivität, nicht nur als Lernstätte, sondern auch als Spielzone für die Kinder in ihrer Freizeit.

Auf der Suche nach weiteren architekturpsychologischen Quellen zum Thema Schulbau empfehlen wir folgende Übersichten: Ahrentzen, Jue, Skorpanich, & Evans (1982), Gifford (2002), Gump (1978), Hellbrück & Fischer (1999), Linneweber (1996), Rivlin & Weinstein (1984), Ströhlein (1990; 1998).

Spezielle Themen beschäftigen sich u.a. mit großen und kleinen Schulen (Barker & Gump 1964), offenen Schulen und traditionellen Schulen (Gump 1974), dem „soft classroom“ (Sommer & Olsen 1980), dem Schul- bzw. Klassenklima (Anderson 1982; Arbinger & von Saldern 1982; von Saldern 1992) und der Laborschule Bielefeld (Schmittmann 1985).

4 Beurteilungskriterien für den Schulbau

4.1 Methodisches Vorgehen: Facettenansatz und Interview

Facettenansatz. – Um die Vielzahl der Aspekte, die für eine "Förderung durch eine Schule der Zukunft" von Bedeutung sein können, zu systematisieren und strukturieren, wählten wir den Facettenansatz (Walden 1998, 106 ff.). Das ermöglichte uns eine Verbindung zwischen Inhalten und Erhebungsmethode zu schaffen, bei der die Erhebungs- und Auswertungsmethode "intrinsisch" aus den Inhalten hervorgeht.

In der Architekturpsychologie sind alle Beteiligten, Nutzer, Architekten, Planer, Forscher mit einer ungewöhnlichen Vielzahl von Reizen konfrontiert, die sich auf das Erleben und Verhalten einzelner Individuen auswirken können. Oft weiß man nicht, welche Aspekte besonders wichtig sind, wie sie voneinander abzugrenzen sind und wie sie aufeinander wirken. Außerdem weiß man nicht, in welcher Ausprägung sie von Bedeutung sind. Die Facettentheorie bietet angesichts der kaum zählbaren Menge von möglichen Einflüssen eine Strukturierungshilfe, in der die Reize geordnet werden können in Umweltmerkmale mit unterschiedlicher Ausprägung (siehe Umweltstufen im Abbildungssatz unten), personale Einheiten (Experte, Nutzer, Passant) und subjektive Indikatoren – Reaktionen (Lernleistung, Angaben von Wohlbefinden, soziales Miteinander). Dass es solche unterscheidbaren Einteilungen gibt, und diese sinnvoll zu untersuchen sind, ist dabei eine grundlegende Annahme. Die Facettentheorie (FT) bietet dabei einen strukturellen Rahmen – bei dem oftmals die Inhalte „intrinsisch“ zu diesem Rahmen führen. Sie wird in der Anwendung meist nicht als erklärende Theorie verstanden, sondern eher als ein methodologischer Ansatz für die Sozialwissenschaften. Die Facettentheorie besteht im Wesentlichen aus zwei Elementen: 1) Im Design-Bereich umfaßt sie die Versuchsplanung und Stichprobenauswahl; 2) im Datenanalyse-Bereich beinhaltet sie verschiedene sich aus den Inhalten ergebende Auswertungsverfahren. Außerdem besteht sie aus Hypothesen, die beide Bereiche ineinander überführen (Borg & Shye 1995).

Generelle Anwendungsmöglichkeiten (Borg 1984) für den Facettenansatz sind:

1. die Formulierung einer ersten allgemeinen Spezifikation der Fragestellung (Definition) auf bisher kaum erforschtem Gebiet (wie hier als Grundlage für Interviews).
2. Es liegen schon viele einzelne empirische Befunde oder Gesetze vor, deren Zusammenwirken aber ungeklärt ist. Sehr komplexe Hypothesen lassen sich aus einem Facettensystem ableiten (ein Bsp. sind Studien zur Lebensqualität, s. Borg 1986).
3. Eine Studie, die nicht facettentheoretisch angelegt wurde, läßt sich im Nachhinein formalisieren und die Daten erneut überprüfen. Dadurch kann auch ein Vergleich unterschiedlicher Studien zu einem Interessensgebiet erleichtert werden.

Über einen *Abbildungssatz* wird die Beziehung mehrerer Facetten (Kategorien wie Personen, Situationen und Reaktionen) untereinander zum Ausdruck gebracht. Die Facetten werden in Unterelemente (Unterkategorien) unterteilt (Strukte).

Beispiel: *Facette* ist P = Menge aller Nutzer der Schule. *Strukte* wären dann u.a.: P1 = Lehrer, P2 = Schulkinder, P3 = Eltern, P4 = Architekt, P5 = Gäste, P6 = Beurteiler "vor Ort", P7 = Beurteiler von Fotos etc.

Außerdem könnte man für die Facette P = Menge aller Nutzer der Schule als weitere Facetten: Geschlecht, Altersgruppe, Beruf, Personenstand usw. inhaltlich untergliedern. Diese inhaltliche Untergliederung wäre dann für die Facette Geschlecht z.B. die Strukte: männlich und weiblich. Die horizontale Kombination verschiedener Strukte über mehrere Facetten hinweg werden auch *Struktupel* genannt (Borg 1996). Die Beziehung verschiedener Facetten untereinander werden in einem Abbildungssatz zum Ausdruck gebracht. Der Aufbau der Interviews entspricht dem Abbildungssatz, dieser wiederum ist folgerichtig aus den architekturpsychologischen Grundlagen und Ergebnissen der Vorstudien (Kriterien zur Beurteilung von Schulqualität) abgeleitet worden.

Abbildungssatz zur Förderung durch ein Schulgebäude "der Zukunft" (Walden 2000):

	Nutzer	
	(a1 = Lehrer)	
	(a2 = Schulkinder)	
Die Person (p)	(a3 = Eltern)	*bewertet die Schule*
	(a4 = Architekt)	*(kognitiv/affektiv)*
	(a5 = Gäste)	
	(a6 = Beurteiler von Fotos bzw. "vor Ort")	

jeweils zusammengefaßt anhand der einzelnen Umweltstufen
(b1 = Standort/Infrastruktur)
(b2 = Außenbereich)
(b3 = Schulhaus)
(b4 = Eingangsbereich)
(b5 = Klassenräume)
(b6 = Fachräume, Sonderräume, Mehrzweckräume)
(b7 = Verkehrsflächen)
(b8 = Heizung, Kühlung, Ventilation, Sanitäranlagen)
(b6 = Schulhof)
(b7 = Sonderflächen und Sportanlagen)
(b8 = Gesamteindruck)

in Bezug auf die Reaktionen
(c1 = die Arbeits- und Lernleistung)
(c2 = das Wohlbefinden)
(c3 = das soziale Miteinander).

Außerdem schätzt die Person (p) Aspekte dieser einzelnen Stufen ein im Hinblick auf die Kriterien
(d1 = funktional)
(d2 = ästhetisch/gestalterisch)
(d3 = sozial-physisch)
(d4 = ökologisch)
(d5 = organisatorisch)
(d6 = ökonomisch)

und die Qualität zum Zeitpunkt
(e1= negative Aspekte zur Zeit)
(e2= positive Aspekte zur Zeit)
(e3= zukunftsweisende Aspekte)

als
(f1= sehr fördernd)
(f2= fördernd)
(f3= weder noch)
(f4= störend)
(f5= sehr störend)
(f6= keine Antwort möglich).

Durchführung der Interviews. – Anhand vergleichender Interviews mit Experten wollten wir herausfinden, wie Schulbauten der Zukunft gestaltet werden könnten. Uns interessieren neuzeitliche Lösungswege, bereits jetzt erkennbare Trends und Erfordernisse. Um dies ermitteln zu können, sind besondere Kriterien abzurufen. Die Schule besteht aus verschiedenen Bereichen. Schule ist ein Komplex mit Einzelteilen, die es zu analysieren gilt. An einem Gang durch die Schule und ausgewählten Facetten orientiert sich auch der Interview-Leitfaden. Zunächst fragen wir aus taktischen Gründen die Architekten selbst nach ihren erfolgreichen Maßnahmen, um sie dann in der Frage nach den „kritischen" Aspekten nach Schwierigkeiten zu fragen. Die zukunftsweisenden Aspekte zu benennen, ist nicht mehr der übliche Bauauftrag, sondern ist die besondere Leistung des Architekten.

Interviewleitfaden zum Projektthema: Schulen der Zukunft

1. Was finden Sie besonders gut
- an dem Standort/ an der Infrastruktur
- am Außenbereich
- am Schulhaus
- am Eingangsbereich
- an den Klassenräumen
- an den Fachräumen/ Sonderräumen/ Mehrzweckräumen
- an den Verkehrsflächen: Flure, Treppen
- an der Heizung, Kühlung, Ventilation und den sanitären Anlagen

- am Schulhof
- an Sonderflächen und Sportanlagen?

2. Was sehen Sie an denselben Bereichen kritisch

- an dem Standort/ an der Infrastruktur
- am Außenbereich,
- am Schulhaus,
- am Eingangsbereich,
- an den Klassenräumen,
- an den Fachräumen/ Sonderräumen,
- an den Verkehrsflächen: Flure, Treppen
- an der Heizung, Kühlung, Ventilation und an den sanitären Anlagen
- am Schulhof
- an Sonderflächen und Sportanlagen?

3. Was sollte unbedingt in Zukunft in diesen Bereichen beachtet werden?

4. Inwieweit werden Vorschläge von Schülerseite/Lehrerseite oder Elternseite in der Bauplanung berücksichtigt?

5. Wie sieht es mit eigenen Veränderungen der Schüler, Eltern oder Lehrer aus?

6. Sind die gängigen Baurichtlinien für Schulen noch zeitgemäß?

7. Gibt es noch etwas, was Ihnen persönlich wichtig ist?

Auswertungsmethode. – Bei der Auswertung haben wir zuerst die Interviews von der gesprochenen Tonbandaufnahme ins normale Schriftdeutsch übertragen. Dies ist im Allgemeinen die weitestgehende Protokolltechnik. Bei diesem Verfahren wird der Dialekt bereinigt, werden Satzbaufehler behoben und wird der Stil geglättet. Dieses Verfahren ist besonders dann gefragt, wenn die inhaltlich-thematische Ebene im Vordergrund steht und der Befragte als Experte, Zeuge oder Informant auftreten soll (Mayring 1996). In der Folge verwendeten wir die Inhaltsanalyse als Methode (Rustemeyer, 1992; 2000; Groeben & Rustemeyer, im Druck).

Dann haben wir eine Taxonomie zur Beurteilung von Schulen erstellt. Zur Hilfe standen uns hier Unterlagen schon durchgeführter Studien zum Thema Befindlichkeit in Schulen (Walden 2000) und Beurteilung von Bürogebäuden (Walden 1999) sowie das Buch "Lebendiges Wohnen" (Walden 1993, 1995 a). Als Kriterien der Taxonomie galten der funktionale, der ästhetisch-gestalterische, der sozial-physische (hier ist der Wert für Kommunikation gemeint), der ökologische, der organisatorische und der ökonomische Aspekt.

Die zu betrachtende Einheit des Schulkomplexes teilte sich auf in den

- Außenbereich,
- das Schulhaus,
- den Eingang,
- die Klassen,
- die Fach/die Sonderräume,
- die Innenstruktur und Flure und
- den Schulhof/Sonderflächen.

Wir begannen, die Interviews durchzuarbeiten und entsprechende Antworten herauszusuchen. Wir markierten alle zutreffenden Satzteile mit entsprechenden Kürzeln (siehe Abbildungssatz des facettentheoretischen Grundgerüsts). Anschließend erstellten wir für jedes Interview eine Tabelle mit positiven, negativen und zukunftsweisenden Aspekten. Letzter Schritt war nun eine Zusammenfassung der Tabellen in drei Abschlusstabellen. Diese stellen positive, kritische und zukunftsweisende Aspekte des Schulbaus zusammenfassend dar. Alle hier aufgelisteten Informationen stammen aus den von uns durchgeführten Interviews.

Interviewpartner. – Wer könnte bei einem solchen Thema ein interessanter Gesprächspartner sein? Natürlich Architekten! Aber wie sollten wir an die Architekten, die sich mit visionären Ideen zu Schulen und deren Umsetzung in die Architektur beschäftigen, herankommen?

Unser erster Schritt war nun das Anschreiben von Architektur- und Bauzeitschriften, um auf Namen bekannter Architekten zu stoßen, die im Schulbereich tätig sind. Die Redakteure für aktuelle Gebäude führten anhand der Unterlagen zu den letzten Zeitschriften zum Thema eine Vorauswahl von "Schulen der Zukunft" und ihren Architekten durch. Bis auf einen der von uns dann nach verschiedenen Kriterien zum Bau von Schulgebäuden ausgewählten Architekten antworteten diese schnell und erklärten sich zu einem Interview bereit.

So hatten wir nach einigen Wochen, nachdem wir Briefe verschickt und Telefonate geführt hatten, die Architekten Ralph Bingen in Vianden, Luxembourg; Peter Busmann in Köln; Peter Hübner in Neckartenzlingen (s. auch Vorwort zu diesem Buch); Ernst Kasper und Klaus Klever in Aachen; zu Interviews für uns gewinnen können. Schriftliche Antworten zu unseren Fragen erhielten wir von dem Künstler Friedensreich Hundertwasser (2000 verstorben), seinem Manager Joram Harel und dem Experten Christian Rittelmeyer. Die Auswertung dieser Interviews wird im letzten Teil der Studie Einblick über ausgewählte „Schulen der Zukunft" aus Sicht der Architekten gewähren.

Die Schulen. – Zu allen sechs von uns ausgewählten Schulen finden sich Fotos im Anhang zur Veranschaulichung zentraler Bereiche.

Zentralschule Hosingen

Die in Luxemburg gelegene Zentralschule Hosingen entspricht unserer Regionalschule. Sie befindet sich inmitten eines ehemaligen Wildgeheges, ganz im Grünen gelegen und weit ab von der Straße des Nordens; niemand, der das Gebäude aus der Ferne wahrnimmt, vermutet hier eine Schule, zumal der Bau selbst keine Anzeichen für einen normalen Schulbau erkennen lässt. Die Gemeinden Hosingen, Hoscheid, Konsdorf und Pütscheid haben hier auf diesem über 500m NN liegenden Gelände die Schule errichten lassen. Eine große Sporthalle, die auch von örtlichen Vereinen der Umgebung genutzt wird, schließt sich an. Mit angeschlossen sind eine „Spielschule" und eine „Kita". Der Bau eines Naturzentrums entsteht in der zweiten Bauphase. In diesem Park soll nicht nur eine Jugendherberge entstehen, sondern es sollen auch noch Fachräume und Klassenräume mitgebaut werden. So wird auswärtigen Schulklassen die Möglichkeit gegeben, hier samt Lehrpersonal einen „Unterrichtsurlaub" zu absolvieren. 256 Schüler besuchen derzeit die Primärschule und 90 Kinder die Spielschule. Sie werden von 32 Lehrern unterrichtet.

Hugo-Kükelhaus Schule in Wiehl/ Oberbantenberg.

Die gesamte Anlage besteht genau genommen aus zwei Schulen: der Hugo-Kükelhaus-Schule (Rheinische Schule für Körperbehinderte) und der Helen-Keller-Schule, eine Schule für geistig behinderte Kinder. Zum Einzugsbereich gehören 11 Städte und Gemeinden des

Oberbergischen Kreises und 3 Kommunen des Rhein-Sieg-Kreises. Im Schuljahr 1999/2000 besuchen 131 Schüler die Schule in 12 Klassen. „Hilf mir, es allein zu tun!“ Dieser Satz von Maria Montessori in Verbindung mit der Forderung Hugo Kükelhaus nach dem „Lernen mit allen Sinnen“ beinhaltet im Wesentlichen Programm und Profil dieser Schule. Der ursprüngliche Schulentwurf stammt aus dem Jahr 1988. Wir möchten diese Schule als besonderes Beispiel für gelungenen Schulum- und Erweiterungsbau anführen. Zuerst war nur die Erweiterung geplant, eine Turnhalle und ein Schwimmbad sollten entstehen. Durch einen Brand im Jahre 1990 wurden jedoch der gesamte Altbau sowie ein Teil des Erweiterungsbaus zerstört. Mit Rücksicht auf die erhaltenden Reste des zerstörten Baus fand daraufhin ein Um- und Erweiterungsbau statt. „Eine Besonderheit stellt das Schwimmbad dar, welches im Programm als Lehrschwimmbecken mit verstellbarem Hubboden gefordert war, dann aber auf Anregung der Architekten in eine andere Form gebracht wurde: lediglich zwei Schwimmbahnen anstelle von vier, dafür ein um eine Insel frei geformter, kleinmaßstäblicher Bereich mit direkter Zugänglichkeit für Rollstuhlfahrer mit zum Teil niedrigen Wasserhöhen. Dies macht es möglich, während des Schwimmunterrichts auf alle individuellen Anforderungen, vom Planschen über therapeutische Übungen bis zum Wettschwimmen, einzugehen“ (Busmann & Haberer 1996). Eine kindgerechte Atmosphäre wird durch viel Tageslicht, eine warme Farbgebung, großflächige Begrünung, viel Bewegungsraum und Selbstgestaltung erzeugt. In den Außenbereichen befinden sich mehrere Geräte aus dem „Erfahrungsfeld zur Entfaltung der Sinne“ von Hugo Kükelhaus (Kükelhaus & zur Lippe 1992). Bei der Gestaltung wurde der Bewegungsdrang der Kinder in starkem Maße berücksichtigt und deren Verlangen nach unabhängiger Freiheit.

Gesamtschule Gelsenkirchen

Diese Schule ist wie eine kleine Stadt konzipiert und beinhaltet viele Häuser des Lebens und Lernens. Unter der Leitung von Peter Hübner und dessen Team durften die Kinder selbst ihr Schulhaus entwerfen. So konnten schon die ersten von den Schülern entworfenen Schulhäuser von den Architekten in Baupläne verfasst und umgesetzt werden. In den nächsten fünf Jahren folgt jährlich der Bau einer „Hauseinheit“. Fünf „Einfamilienhäuser“ ergeben dann jeweils einen Hauskomplex, in dem die einzelnen Klassen leben und lernen werden. Die Kinder bleiben, bis sie in die Sekundarstufe II wechseln, in „ihrem Haus“. Jede Einheit verfügt nicht nur über einen Klassenwohnraum, sondern auch über eine Galerie, sanitäre Anlagen, einen Pausenraum, einen selbst zu versorgenden Garten und einen Eingang. Die Fachräume, Sonderräume und Mehrzweckräume befinden sich in von acht verschiedenen Architekten entworfenen Häusern an der Stadtstraße. Die einzelnen Häuser sind jeweils mit passenden Namen beschildert. Mit eingeschlossen ist auch ein Stadthaus, welches die Verbindung zwischen Schule und Stadtteil darstellt. Hier werden Stadtteilpsychologen oder Sozialarbeiter ihren Platz finden.

Waldorfschule Köln

Das Grundstück, auf dem sich die Schule befindet, liegt am Rande von Chorweiler, eingebettet in den Grüngürtel um den Fühlinger See. Zuerst sah man das Gelände als etwas kritisch an, da es sich am Rande einer intensiven Hochhausbebauung befindet. Aber das großflächige Gelände mit guter Verkehrsanbindung überzeugt nach kurzen Überlegungen. Dass der Stadtteil den Ruf eines „sozialen Brennpunktes" hat, stieß auf einige Sorgen, wurde dann aber als Herausforderung angenommen. In der frühen Planungsphase hatte Architekt Peter Hübner das Leitbild einer Rose: als tragende Stütze ein Stängel und außen angegliedert die einzelnen Klassenräume. Die Fünfgliedrigkeit der Rose wurde im Folgenden das Konstruktionsprinzip für das Dachtragwerk und die Fassaden, für die Klassenaufteilung und die Klassengeometrie. Um die Stütze herum ist ein zentraler Raum entstanden, der als Marktplatz oder als Oase bezeichnet wird. Hier befinden sich viele Pflanzen/Palmen, und das Plätschern des Wassers ist zu genießen. Von diesem Punkt gehen viele Wege aus. Es gliedern sich die Klassenräume, Fachräume, die Verwaltung, das Lehrerzimmer und der Saal um ihn herum. In der Nähe befindet sich eine Cafeteria, in der Nutzer ein alternatives Essensangebot vorfinden. Die Küche verwertet auch die Ernte aus dem Schulgarten. Bei der Planung und auch beim Bau selbst packten Schüler, Eltern und Lehrer mit an. Die Werkstätten und die angrenzende Hausmeisterwohnung wurden in Eigenleistung von der Schulgemeinschaft ausgebaut. Die Schüler halfen nicht nur bei der Planung, sondern auch in Baupraktika über Jahre hinweg mit. Die erbrachte Eigenleistung half nicht nur Geld einsparen, sondern schaffte auch eine Identifikation mit dem Schulgebäude. Durch den Farbgestalter Heiner Niehaus und den Landschaftsarchitekten Christoph Harms wurde der Schule im Gesamteindruck ein I-Tüpfel aufgesetzt (vgl. Sonderdruck Festschrift Freie Waldorfschule Köln 1998, 40).

Martin-Luther Gymnasium und Grundschule in Wittenberg

Mitten im Plattenwohnbaugebiet „Trajuhnscher Bach“, welches in den 70er und 80er Jahren in der Lutherstadt Wittenberg entstanden ist, befinden sich diese beiden Schulen. Das Schulgebäude wurde 1975 für ca. 1400 Schüler gebaut und war sanierungsbedürftig. 1993 entstanden im Kunstunterricht Ideen einer Neugestaltung, die mit Hundertwassers Kunst und Architektur in eine Linie fielen. Es wurden erste Kontakte zwischen dem Landkreis Wittenberg und dem Künstler hergestellt. Der Direktor der Schule, Herr Sandau, Frau Kummetz vom Landkreis Wittenberg und Vertreter der Schüler sind zur Agentur Hundertwassers nach Wien gereist und haben den Wunsch der Schüler für das Eingreifen Hundertwassers als „Architekturdoktor“ im Rahmen der Sanierungsarbeiten übermittelt. „Daraufhin hat sich Hundertwasser spontan zur architektonischen Neugestaltung des Plattenbaus kostenlos zur Verfügung gestellt“ (Joram Harel Interview vom 02.08.99). Ende 1996 lag dann ein überarbeiteter Entwurf vor. Diese Konzeption „enthält neben bekannten Elementen wie bewegte Dach- und Fassadenlinien auch abwechslungsreich gestaltete Fassaden aus keramischen Materialien und farbig behandelten Putz und sogenannte „Baummieter“, nunmehr auch „bewahrte“ Gebäudeteile, die den ursprünglichen Plattenbau erkennen lassen. Altes und Neues finden so zu einem spannungsvollen Dialog“ (Umgestaltung 1999, 2). Mit den Fassadenänderungen gehen auch räumliche Veränderungen einher. Ein Aulabereich und begrünte Dachflächen sind entstanden und können als Unterrichtsräume Verwendung finden. Diese Schule gilt als Musterbeispiel für eine gelungene Schulsanierungsmaßnahme des Typs „Erfurt II“, der über 550 mal zwischen Ostsee und Thüringen in der ehemaligen DDR gebaut wurde.

Montessori Schule Aachen

Die Architekten Kasper und Klever haben einen europaweit ausgeschriebenen Wettbewerb im Rahmen dieser Schulplanung gewonnen. Die Schule wurde im April 2002 bezogen. Bei ihr handelt es sich um eine Gesamtschule mit 1.100 Schülern (Sekundarstufe I und II). Der Gefahr der Anonymität eines solch großen Schulsystems soll durch eine Gliederung in räumlich und sozial überschaubare Gruppen und eine möglichst einfache Orientierung vermieden werden. Das Prinzip lautet :"Stadt in der Stadt". Drei Lernhäuser sind für jeweils 360 Schüler mit je einem Differenzierungsraum, einem Clubraum und zugehörigem Lehrerbereich gestaltet. Jedes Haus ist autonom. Es entstehen Bereiche, die in die Obhut der Schüler fallen, die hierdurch eine Beziehung zu ihren Häusern aufbauen können. Um die Ausmaße auf das für Schüler angemessene Maß zu bringen, wurden zwei unterschiedliche Dimensionen eingeführt:

- alle formellen Bereiche, d.h. die reinen Unterrichtsräume, haben eine kompakte einfache Struktur, erkennbar an der grünen Außenhaut,
- alle informellen Bereiche, d.h. alle Zonen der "freien Zeit" zwischen den Unterrichtszeiten, z.B. Mensa, Forum, Bibliothek, gleichen einer Stadt mit der Farbigkeit von Schaufenstern, Reklame usw. Diese farbige Struktur bildet den menschlichen Maßstab, ist fließend und lebendig, der grüne formelle Teil tritt zurück, bildet nur den Rahmen.

Die Schule hat eine ungewöhnliche Lage, auf dem Gelände eines ehemaligen Güterbahnhofs. Sie ist Teil eines künftigen Bürgerparks, der sich aus den Besonderheiten einer sich selbst überlassenen Gleisanlage entwickeln soll. Kopfsteinpflaster, Gleisschotter, Trokkenrasen, die spontan entstandene Vegetation, ein schützenswertes Biotop, erzeugen das Bild einer idyllischen Industriebrache mit eigener Qualität, das erhalten und fortentwickelt werden soll. Der Bahndamm wirkt wie eine Stadtmauer. Zur Schule hin entsteht ein intimer Außenraum. Im nördlichen Bereich wurde das Gelände um ca. 4 Meter abgetragen, um einen selbstverständlichen, für alle Bürger geeigneten Zugang zu Schule und Park zu erhalten.

4.2 Schemata zur Beurteilung von Schulen der Zukunft

Im Folgenden werden wir nun anhand von drei Tabellen die Endergebnisse der von uns durchgeführten Interviews präsentieren. Bei der Auswertung der Interviews sind wir wie folgt vorgegangen:

1. Wir haben alle Interviews einzeln nach den eben beschriebenen Details bearbeitet.

2. Wir haben die einzelnen Ergebnisse in den drei Endtabellen „kritische Aspekte“, „positive Aspekte“ und „zukunftsweisende Aspekte“ im Schulbau zusammengefasst. Die Reihenfolge der Tabellen entspricht dem Grad der Erfordernis zur Verbesserung von Schulbauten (vgl. Zweifaktorentheorie der Arbeitszufriedenheit nach Herzberg, Mausner & Snyderman 1967).

4.2.1

Schema zur Beurteilung der kritischen Aspekte von Schulbauten

Kriterien	**Außenbereich**	**Schulhaus**	**Eingang**	**Klassen**	**Fach- Sonderräume**	**Innenstruktur Flure**	**Schulhof/ Sonderflächen**
Funktional	Standort nicht optimal/wenig Schutz vor Immission Architekt ohne Einfluss auf Standort schlecht erschlossen durch Umgebung negativ beeinflusst nicht genügend in Stadt / Gemeinde integriert Grundstück zu klein zu starke Anhebungen	bei Gesamtschulen oft zu lange Anfahrten Schule zu groß	aus Kosten-gründen oft nicht genug verglast oft kein zentraler Eingang Orientierung fehlt oft fehlende Beschilderung teilweise schlechte Verbindung zu Klassen zu wenig Platz	Wandtafel an einer Stelle befestigt alle Räume gleiche Größe (Architekturkonzept) viele Fenster → viel Pflege	Sonderräume oft ungelegen nicht multi-funktional	Flure oft nicht anderweitig nutzbar in anderen Fällen Flure zu lang	oft nicht behinderten-gerecht zu klein manche Dinge gar nicht vorhanden
Ästhetisch-gestalterisch	durch Einsatz eines Landschafts-architekten oft nicht genügend Raum zur Selbst-gestaltung	Kunst am Bau oft zu teuer (Kinder bessere Künstler, kreieren das, was ihnen gefällt!) Schüler mit zu wenig Einfluss auf äußere Gestaltung	zu wenig Selbst-gestaltung	oft technische Details optisch unschön (Lampen) Farbgestaltung Empfindungssache zu wenig Platz	wenig Platz für Selbstgestal-tung und Aneignungen	zu wenig Selbst-gestaltung nicht genügend begrünt teilweise nicht genügend Fenster	zu wenig Sonderflächen oft nicht genügend begrünt

Kriterien	**Außenbereich**	**Schulhaus**	**Eingang**	**Klassen**	**Fach- Sonderräume**	**Innenstruktur Flure**	**Schulhof/ Sonderflächen**
Sozial-physisch	nicht genügend von Schülern gestaltet zu wenig Verantwortung *Vandalismus*	zu wenig Treffpunkte zu wenig Rückzugsmöglichkeiten	zu wenig Platz	Platzmangel bei eigenen Häusern zu extreme Abschottung gegenüber anderen Klassen *konflikthafte Nutzungsinteressen*		zu wenig Verweilräume	zu wenig Erholungsfläche zu wenig Ausgleichsmöglichkeiten
Ökologisch	Lärmemission Autobahn oder Bahnhof in direkter Nähe	Akustik nicht zufriedenstellend teilweise schlechte Belüftung	Energieverlust durch Zugluft keine nachhaltige Müllsortierung	mangelnder Lärmschutz Lichtintensität nicht immer optimal Schall und Wärmedämmung nicht optimal keine Kühlung/ Ventilation aus Kostengründen	keine individuelle Möblierung schlechte Belüftung	fehlende Müllsortierung umweltschädliche / gesundheitsschädigende Baumaterialien	kein sorgfältiges Müllsortieren nicht Sammeln von Regenwasser keine optimale Sicherheit auf den Wegen (u.a. vor Unfällen, Gewalt, Krimin.)

Kriterien	**Außenbereich**	**Schulhaus**	**Eingang**	**Klassen**	**Fach-Sonderräume**	**Innenstruktur Flure**	**Schulhof/ Sonderflächen**
Organisa-torisch		oft nicht in Gemeinde / Stadt integriert nicht immer mit Aufzügen ausgestattet zu viele Vorschriften	teilweise schlecht beschildert	mehr Mitbestimmung von Schülerseite erwünscht			
Ökonomisch		teilweise nicht mit Auto befahrbar Rasenflächen nicht behindertengerecht Vandalismus		nicht überall hygienische Belüftung			Sparmaß-nahmen

4.2.2

Schema zur Beurteilung der positiven Aspekte von Schulbauten

Kriterien	**Außenbereich**	**Schulhaus**	**Eingang**	**Klassen**	**Fach-Sonderräume**	**Innenstruktur Flure**	**Schulhof/ Sonderflächen**
Funktional	Standpunkt an zentralem Punkt Schutz vor Immissionen angemessen viel Platz Nähe zu Stadt/Integration Behindertengerecht verschiedene, identifizierbare Zonen	Bau nach pädagogischem Konzept Verknüpfung der Schule in die Gemeinde/Stadt Schule im Aufbau wie eine kleine Stadt kindgerechten Maßstab beachten behindertengerecht evtl. mit Aufzug	zentraler Orientierungspunkt leicht erkennbar jedes Gebäude mit eigenem Eingang Einteilung in verschiedene Zonen Vitrinen zum Ausstellen Platz für Aktivität geschützt vor Immission behindertengerecht Anfahrtsmöglichkeit	Differenzierungsmaßnahmen durchführbar multifunktional klare Räume, gutes Maß genügend Platz pro Schüler Fenster mit Blendschutz und Streuglas verwenden Privatbereiche ausgestattet mit Belüftungssystem Rückzugsmöglicheit Raum auf verschiedenen Ebenen natürliches Licht individuelle Möblierung Schränke mit Rollen Fensterbänke zum Schreiben/oder für Blumen/ Exponate Kinder: für Reinigung zuständig	in der Erwachsenenbildung nutzbar nicht zu technisch gestaltet behindertengerecht keine zu langen Wege Kennzeichnung der Räume	wenig Flurflächen kurze Wege alles gut erreichbar kaum gerade Gänge Verbindung zu den Klassenräumen Flure eher Straßencharakter Flure enden an Plätzen klare Innenform Kennzeichnung durch Beschilderung (Schriften oder Symbole) behindertengerecht *blindengerechte Markierungen der Wege*	verschiedene Zonen Sammelplatz Lautspielraum Treffpunktzone Spielzone multifunktional keine großen zusammenhängenden Flächen identifizierbare Bereiche verschiedene Bodenbeläge teilweise überdeckt/ regengeschützt

Kriterien	Außenbereich	Schulhaus	Eingang	Klassen	Fach-Sonderräume	Innenstruktur Flure	Schulhof/ Sonderflächen
Ästhetisch-gestalterisch	Grenzen fließend Einsatz eines Landschafts-architekten Gartenanlage Teich oder Wasserspiele schöne Landschaft Spielgeräte zahlreiche Begrünung	Kunst am Bau Farbgestaltung durch Farbkünstler Schüler sorgen für die Dekoration sichtbare Aneignungen von Schülerseite evtl. Einsatz verschiedener Architekten farbliche Unterscheidungen stimmungsvoll einladend	Selbstgestaltung Vitrinen mit Ausstellungs-stücken Pflanzen Anlegen eines Wasserspiels oder eines Teiches teilweise Überdachung	ausgeschmückt Selbstgestaltung bzw. Spuren der Aneignung individuelle Möblierung schöner Ausblick evtl. keine rechteckigen Zimmer Pflanzen Blumenfenster Kreativität kommt zum Ausdruck	individuelle Einrichtung schüler-gerechte, individuelle Möblierung Erlebnisräume erinnerungs-würdige Orte weg vom Hörsaalprinzip!	atmosphäri-sches Licht viele Fenster Gestaltung durch Schüler Ausstellungs-möglichkeit evtl. unterschied-liche Boden-materialien	Kräutergarten Anpflanzung evtl. in Zusam-menarbeit mit einem Land-schaftsarch. Abzäunung durch Bepflanzung Bepflanzung ermöglichen Teich, Gartenanlage auf verschie-denen Höhen-lagen ver-schiedene Zonen schaffen Ausstattung mit Spielgeräten

Kriterien	Außenbereich	Schulhaus	Eingang	Klassen	Fach-Sonderräume	Innenstruktur Flure	Schulhof/ Sonderflächen
Sozial-physisch	Nähe zur Stadt Bauen als sozialer Prozess, an dem alle Nutzer beteiligt werden Gemeinsame Pflege Anbringen einer Feuerstelle Treffpunkt Möglichkeit durch überschaubare Plätze mehr Intimität schaffen	Integration in die Stadt gemeinsame Heimat verschiedene Zonen Reinigung durch Schüler	hier können gemeinsame Aktivitäten entstehen Treffpunktzone, Platz für informelle Treffs	Treffpunkt Rückzugsmöglichkeit der Klasse in Privatbereich Stammklassen bieten soziale Stützpunkte räumliche Stützpunkte möglichst langer Aufenthalt in einer Klasse als Lebensraum/ein Zuhause durch gemeinsames Bauen Förderung des Architekten-,Schüler-, Lehrer- Verhältnisses Bauen als sozialer Prozess	Verschiedene Zonen mit anderen Werten	verschiedene Zonen Treffpunkt-möglichkeit Knüpfen von Kontakten mit anderen Schülern	Treffpunkt-möglichkeit Aufenthalts-möglichkeit sportliche Betätigung

Kriterien	**Außenbereich**	**Schulhaus**	**Eingang**	**Klassen**	**Fach-Sonderräume**	**Innenstruktur Flure**	**Schulhof/ Sonderflächen**
Ökologisch	Integration in natürliche Gegebenheiten Biotop kultiviertes Land und Wildwuchs → Lernprozess bei Schülern Obstbäume → Ertrag nutzbar/ sichtbar Schulgarten Teich Sportanlagen Sammeln von Regenwasser	Schule Anschluss an Naturzentrum Schulstunden können nach draußen verlegt werden Bepflanzung in und am Schulhaus Unterstützung durch Solarenergie Dachbegrünung	Mülltrennung natürliches Licht gute Wärme-dämmung	Energiesparung durch Heizregler gute Wärmedämmung viel natürliches Licht Anschluss an einen Garten viele Pflanzen geräusch-dämmende Wände/Boden Luftqualität durch Querlüftung Müllsortierung verstellbare Lichthelligkeit und individuell verstellbare Heiztechnik	Energieein-sparung durch Heizungs-steuerung	gute Wärme-dämmung	natürliche Vegetation Baumbestand Kräutergärten

Kriterien	Außenbereich	Schulhaus	Eingang	Klassen	Fach-Sonderräume	Innenstruktur Flure	Schulhof/ Sonderflächen
Organisa-torisch	gute Infrastruktur Einpassung in städtischen Zusammenhang Grenzen fließend Beibehaltung der natürlichen Umgebung	Öffnung des Schulhauses zur Stadt hin Integration alles gut überschaubar Beschilderung Fluchtpläne	Treffpunkt Beschilderung (Schriften bzw. Symbole)	eigene Häuser statt Klassenzimmer	günstige Lage kurze Wege	kurze Wege zentraler Gang	zentral, gut erreichbar teilweise Beibehaltung bei natürlicher Umgebung
Ökonomisch	kein großer Kostenaufwand Bäume können, wenn noch nicht vorhanden, klein gekauft werden. geringe Instandhal-tungskosten, wenn Schüler mithelfen Nutzung solarer Energie	energiesparende Konzeption Ausbau-möglichkeiten verstärkte Wärmedämmung langfristig kostengünstiger	multifunktional geeignet für Ausstellungen	energiesparend natürliche Wärme nutzen durch Partizipation Fehlplanungen entgegenwirken durch Querlüftung	energiesparen-des Bauen	energiesparen-des Bauen	Schüler an Pflege beteiligen

4.2.3

Schema zur Beurteilung der zukunftsweisenden Aspekte von Schulbauten

Kriterien	**Außenbereich**	**Schulhaus**	**Eingang**	**Klassen**	**Fach- Sonderräume**	**Innenstruktur Flure**	**Schulhof/ Sonderflächen**
Funktional	frühzeitig Situation beachten vor Immissionen geschützt Architekt zum Standort befragen Anschluss an Ortschaft gut erreichbar, gute Infrastruktur zentrale Lage für Stadt/Gemeinde offene Schule in Umgebung integrieren kurze Anfahrten gute Parkmöglich-keiten	Mitentscheidungs-recht vom Nutzer sicherheitstech-nisch abgesichert mit schützendem Dach ausgestattet (markante Dachlandschaft)	gute Orientierung Treffpunkt, Verweilort gut erkennbar einladend gute Verbindung zu den Klassenräumen überdachter, behinderten-gerechter Eingangsbereich	Möglichkeit zum Umstellen und Abtrennen/ Differenzierungs-möglichkeit flexible Tafel multifunktionaler Raum, in dem jedes Fach zu unterrichten möglich ist Schüler entwickeln Verantwortung für diesen Raum angepasste Möblierung viel natürliches Licht	Erwachsenen-bildung gute Erschließung zentrale Lage kurze Wege	keine langen Flure kurze Wege Flure enden an Plätzen → Entstehen von sozialen Treffs	verschiedene Zonen Lautspielraum keine sichtbare Abgrenzung

Kriterien	**Außenbereich**	**Schulhaus**	**Eingang**	**Klassen**	**Fach- Sonderräume**	**Innenstruktur Flure**	**Schulhof/ Sonderflächen**
Ästhetisch-gestalterisch	Selbstgestaltung der Schüler Anlegen von Schulgärten und Begrünung	Einpassung in die Umgebung Spuren der Aneignung Schüler sollen in Planung mit einbezogen werden	Selbstgestaltung Begrünung viel natürliches Licht Ausstellungsmög lichkeit	Dekoration durch die Schüler Partizipation →Identifikation		Ausstellungs-möglichkeiten	Selbstgestal-tung durch die Schüler Begrünung
Sozial-physisch	Sauberhaltung des Schulgeländes durch Schüler angeleitete Partizipation zum Stadtteil/ Gemeinde offen Aufenthaltszonen	räumliche und soziale Stützpunkte → Schulen = Lebensorte (Zuhause-Gefühl) Schüler haben Schlüsselgewalt Wünsche der Nutzer mehr berücksichtigen	Treffpunkt	Rückzugsgebiet Rückzugsmöglichkeit Privatbereich einer Klasse Zuhause-Gefühl Ort, an dem man sich wohl fühlt Schlüsselgewalt der Schüler	mehr Aneignungs-möglichkeiten weg vom Hörsaalprinzip!	Treffpunkt mit Verweil-möglichkeiten	Treffpunkte/ Rückzugs-möglichkeiten

Kriterien	Außenbereich	Schulhaus	Eingang	Klassen	Fach- Sonderräume	Innenstruktur Flure	Schulhof/ Sonderflächen
Ökologisch	bei schönem Wetter draußen arbeiten viele Pflanzen Kräutergärten→ angenehmer Geruch Anlegen eines Biotops Anpassung in die Umgebung energiesparende Maßnahmen: Aufstellen von Sonnenkollek-toren Sammeln von Regenwasser Pflanzen von Obstbäumen Schaffen von Lebensraum für Tiere	Verwendung von Baumaterialien aus der unmittelbaren Umgebung Gute Wärmedämmung Verwendung von umweltfreundliche n Baumaterialien Nutzung alternativer Energiequellen	gute Wärmedämmung Bepflanzung Nutzung von natürlichem Licht	guter Schallschutz und gute Akustik erforderlich Verwendung umweltfreundlicher Baumaterialien *individuelle Regulierbarkeit von Licht, Luft, Sonnenschutz, Wärme, bei gleichzeitig elektronischer Technik (intelligente Gebäude)*	Energieein-sparung durch individuell regulierbare Heizung und Belüftung Verwendung wärme-dämmender Materialien	Mülltrennung	Trennung durch Begrünung, nicht durch einen Zaun Anpflanzen von Obstbäumen Anlegen eines Biotops und von Grünflächen Mülltrennung Sammeln von Regenwasser / Wasserrecyc-ling Spielgeräte für die Sinne einsetzen
Organisa-torisch	optimale Verbindung zur Stadt/Gemeinde		mit dem Auto, Taxi oder Bus und in Notfällen erreichbar	gut erreichbar zentrale Lage genug Platz pro Schüler mehr Verantwortung durch Schüler		keine langen Flure kurze Wege	Sicherheits-schutz

Kriterien	Außenbereich	Schulhaus	Eingang	Klassen	Fach- Sonderräume	Innenstruktur Flure	Schulhof/ Sonderflächen
Ökonomisch	zukünftige Betriebskosten berücksichtigen	durch Partizipation der zukünftigen Nutzer Kostensparung und Entgegensetzen von Fehlplanungen technische Belüftung notwendig → Steigerung des Wohlbefindens verstärkte Wärmedämmung →langfristig kostensparend	Verstärkte Wärmedämmung	muss vorbildlich sein für Energieeinsparungen Heizung mit Steuerung technische Belüftung kostenaufwändig, aber notwendig Verwendung und Einlass von viel Licht; preiswertes Baumaterial	Räume durch Farbe wirken lassen	gute Wärmedämmung zukünftige Betriebskosten berücksichtigen	

4.3 Fazit

Bei der Auswertung der Interviews haben wir versucht, in den Abschlusstabellen einen Überblick über unsere Untersuchungsergebnisse zu schaffen. Die Auswertung erfolgte 1. nach eher kritischen Aspekten, 2. nach positiven und 3. nach zukunftsweisenden Aspekten im Schulbau. Diese Reihenfolge ergibt sich aus der Überlegung, welche Aspekte beim Bau von Schulen verhindert werden, welche möglichst gestaltet werden sollten und welche sozusagen etwas Zusätzliches, nämlich Zukunftsweisendes, darstellen. Sicher sind bei Neu- und Umbaumaßnahmen immer die individuellen Gegebenheiten eines Schulgebäudes und seiner Nutzer zu beachten.

Alle hier veröffentlichten Informationen stammen aus den von uns durchgeführten Interviews und aus Voruntersuchungen. *Kursiv gedruckt* sind lediglich in den Tabellen einige Aspekte, auf deren Wichtigkeit wir nicht verzichten wollten hinzuweisen. Diese Merkmale wurden u.U. nur deshalb von den Architekten nicht genannt, weil die Schulgebäude, die in den Interviews zugrunde gelegt wurden, schon optimale Gebäude darstellen, also Negatives – wie Vandalismus – vergessen werden kann. Gerade Vandalismus jedoch führt insbesondere in Ballungsgebieten zu immensen Kosten bei „normalen" Schulgebäuden. Vandalismus läßt sich jedoch durch architekturpsychologische Maßnahmen verringern mit der Hilfe von Kontrolle durch die unmittelbaren Nutzer in Form von Selbstgestaltungen, eigenen Verbesserungen, Beteiligung bei der Sauber- und Instandhaltung, Schlüsselgewalt auch von verantwortlichen Schülern und Eltern (vgl. defensible space – Oscar Newman, 1996). Aneignungen und Umweltkontrolle der Nutzer bringen wir mit Ortsidentität und einem Zuhause-Gefühl in Verbindung. Beides ist in Zukunft im Sinne ökologischer Selbstverantwortung und Fähigkeit zur Exploration (Umweltkompetenz, vgl. Gifford 2002, 324 ff.) durch Schüler, Lehrer, Eltern und Schulnutzer aus den angrenzenden Stadtteilen erwünscht. Das alles wird insgesamt immer wieder als wichtig bei einer positiven und erst recht zukunftsweisenden Schule genannt.

Im Folgenden sichten wir noch einmal die Tabellen und unsere Erinnerungen an unsere außergewöhnlich positiven Beispielschulen nach der Frage: „Was sind Schulbauten der Zukunft?" Dazu erwähnen wir im Folgenden Aspekte, die es zu vermeiden gilt, und andere, die zukunftsweisend sind. Dabei sind unsere Empfehlungen aufgrund der Ergebnisse keine unbedingten Erfolgsrezepte, weil wir es bei der Auswertung von Interviews nicht mit kausalen Zusammenhängen, sondern mit Beschreibungen spezifischer Problemlösungen zu tun haben. Bei den positiven Aspekten verweisen wir auf die sehr gründlichen Tabellen.

I. Zum Standort (Außenbereich)

Folgende ungünstige Aspekte sind zu berücksichtigen:

- wenn gegen Regen, Wind, Sonne, Auto- und Industrieabgase sowie Verkehrslärm kein Schutz vorhanden ist und Unfallgefahr besteht;
- wenn die Erschließung schlecht ist und die Integration in die Gemeinde fehlt;
- wenn der Architekt ohne Einfluß auf den Standort ist und Landschaftsarchitekten den Nutzern Raum zur Selbstgestaltung nehmen;
- wenn die Anfahrtswege und Rasenflächen nicht behindertengerecht sind.

Als zukunftsweisend gilt:

➢ Zunächst sollte immer auf die spezifischen lokalen Bedingungen vor Ort geachtet werden. Eine gute Einbettung in die natürliche Umgebung, den Stadtteil und die Infrastruktur ist wünschenswert. Dabei empfiehlt es sich, den Architekten zum Standort zu befragen. Eventuell können auch mehrere Architekten eine „Schulstadt“ bauen. Die Schüler, Lehrer, Eltern und Nutzer aus den angrenzenden Stadtteilen mit einzubeziehen (angeleitete Partizipation), führt u.U. zu einer besseren Akzeptanz und Nutzung des Schulgebäudes. Auch bei der Gestaltung und Pflege eines Schulgartens oder Biotops können Nutzer (kostensparend) mit einbezogen werden. In den Gärten kann bei schönem Wetter auch Unterricht stattfinden. Die Schule dient nicht nur bei Behinderten und kleineren Kindern als „Erfahrungsfeld der Sinne“.

II. Zum Schulhaus

Folgende ungünstige Aspekte sind zu berücksichtigen:

- wenn Schulen zu groß sind oder die Anfahrtswege für die Kinder zu lang;
- wenn Verschönerungen nur durch Experten gestaltet werden und die Schüler und Lehrer keine Möglichkeit haben, daran mitzuwirken;
- wenn Schulen keinen Raum zu informellen Treffpunkten aufweisen und sich einzelne Schüler oder Schülergruppen nicht zurückziehen können (Privatheit);
- wenn das Schulhaus nicht in das Gemeindeleben integriert ist;
- wenn die Akustik und die Lüftung entweder schlecht oder zu teuer ist;
- wenn aufgrund kurzfristiger Kosteneinsparungen gesundheitsbeeinträchtigende Baumaterialien verwendet werden.

Als zukunftweisend gilt:

➢ Auch im Hinblick auf das Schulhaus ist ein Mitentscheidungsrecht aller Nutzer schon in der Planung wünschenswert. Spuren der Aneignung in Verschönerungen und Verbesserungen sind zu begrüßen. Die Schule wird als Lebensort mit Schlüsselgewalt auch durch Schüler betrachtet. Dabei unterstützen die räumlichen und sozialen Bedingungen die Entwicklung der Kinder. Umweltfreundliche Baumaterialien aus der Umgebung und alternative Energiequellen sollten hinzugezogen werden. Zunächst etwas höhere Kosten amortisieren sich durch die steigende Selbstverantwortung der Nutzer bei der Instand- und Sauberhaltung. Ein „intelligentes Schulgebäude“ beinhaltet nicht nur eine z.T. sensorgesteuerte Anpassung an psychische und physische Bedürfnisse, sondern auch die Möglichkeit der Individuen, eigene Regulierungen (bei Erregung, Stress, Überlastung und Ermüdung) durchzuführen. Dazu gehören auch räumliche Bedingungen wie Beleuchtung, Farbe, Akustik, Lärm, Beheizung, Kühlung, Ventilation, Sonnenschutz und die (ergonomische) Einrichtung und individuelle Möblierung. Technische Lösungen ergänzen individuelle Regulierungen durch die Nutzer beispielsweise bei der Wärmedämmung. Außerdem können warme bzw. helle Farben (gelb) das subjektive Gefühl für Wärme und die Größe des Raumes erhöhen.[3] Selbstverständlich sollten bauliche Unterstützungen insgesamt im Gebäude die Defizite von Nutzern mit verschiedenen Arten der Behinderungen ausgleichen helfen.

III. Zum Eingang

Folgende ungünstige Aspekte sind zu berücksichtigen:

- wenn der Eingang zu klein, nicht zentral und nicht genug verglast ist; wenn Beschilderungen, Markierungen fehlen und darunter die Orientierung leidet;
- wenn zu schlechte Verbindungen von dem Eingang zu den Klassen bestehen;
- wenn zu viel Energieverlust durch Zugluft und zu viel Müll ohne Müllsortierungsvorrichtungen vorhanden sind.

Als zukunftsweisend gilt:

➢ Ein guter Schutz vor Witterungsbedingungen und eine klare Orientierung sind bereits am Eingang wünschenswert. Dieser sollte als Treffpunkt und Ort zum Verweilen einladen und bereits eine gute Verbindung zu den Klassenräumen aufweisen. Selbstgestaltungen sollten durch Begrünung ergänzt werden. Natürliche Beleuchtung fördert organisch Abwechslung und Stimulation während des Tages. Schon der Eingangsbereich bietet eine Möglichkeit für Ausstellungen an. Insbesondere in Notfällen ist eine gute Erreichbarkeit mit dem Auto, Taxi oder Krankenwagen zu begrüßen.

IV. Zu den Klassen

Folgende ungünstige Aspekte sind zu berücksichtigen:

- wenn die Wandtafel nicht flexibel ist;
- wenn der Raum zu klein ist;

---

[3] (vgl. Berry, 1961; Acking & Kuller, 1972 lt. Bell et al., 1996, 426 f.)

- wenn abgetrennte Nischen fehlen und wenn im Raum verschiedene Nutzungsinteressen kollidieren (z.B. konzentriertes Arbeiten und Singen);
- wenn Gemeinschaftseinrichtungen fehlen, die Kontakt zu anderen Klassen ermöglichen;
- wenn Details lieblos gestaltet und Farben disharmonisch gewählt werden;
- wenn die Nutzer keine Eigenverantwortung übernehmen;
- wenn die Räume nur schlecht schallisoliert sind, Kälte- oder Wärmedämmung und Ventilation fehlt und die Beleuchtung falsch gewählt wird (evtl. aus Kostengründen).

Als zukunftsweisend gilt:

➢ Vieles, was für das Schulhaus gesagt wurde, gilt auch hier. Zusätzlich sind Flexibilität und Multifunktionalität des Raumes und der Möblierung zu beachten. Der Klassenraum sollte am ehesten Aneignungen aufweisen. Verantwortungsgefühl und Umweltkompetenz sollten durch den Raum ermöglicht werden, z.B. in Form von Schlüsselgewalt für den Klassenraum oder Schränke. Pädagogische Leitlinien wie Verantwortungsaufteilung auf verschiedene Schüler und innovative Raumangebote für ein „Lernen mit allen Sinnen" ergänzen dabei einander. Der Raum sollte als ein Zuhause mit Rückzugsmöglichkeiten in Nischen gegliedert sein. Er sollte damit Territorien und Privatheit ermöglichen. Auf Akustik und Schallschutz sollte besonders geachtet werden. Der Klassenraum sollte groß genug sein. D.h. die Anzahl der Schüler und der Aktivitäten sollten aufeinander im Raumbedarf abgestimmt sein. Natürliches Licht ist wünschenswert zur Aufrechterhaltung von Aufmerksamkeit und Wohlbefinden. Energieeinsparungen erfolgen durch „intelligente" Heiz-, Kühlungs- und Belüftungs-Techniken.

V. Zu den Fach- und Sonderräumen

Folgende ungünstige Aspekte sind zu berücksichtigen:

- wenn die Räume nicht multifunktional sind und wenn sie zu abgelegen sind;
- wenn Aneignungen durch Nutzer und individuelle Möblierung fehlen.

Als zukunftsweisend gilt:

➢ Diese Räume sollten ebenfalls flexibel und multifunktional sein und damit auch für Nutzer aus der Erwachsenenbildung geeignet sein. Die Farbgestaltung kann die Nutzungsfunktionen unterstützen. Holz als Material und dabei die Vielgestaltigkeit der Materialien werden insbesondere in Waldorfschulen bevorzugt. Die Räume sollten gut vom Eingang erreichbar sein. Ein Architekt fordert: „weg vom Hörsaalprinzip!“. Energietechnische Einsparungen sind wünschenswert bei Beibehaltung individueller Regulierbarkeit. Beim Schwimmbecken erinnern wir an die behindertengerechte Lösung, mit dem Rollstuhl in das Becken über eine Rampe fahren zu können.

VI. Zu der Innenstruktur: Flure, Treppen

Folgende ungünstige Aspekte sind zu berücksichtigen:

- wenn die Flure nicht multifunktional sind und wenn sie zu schlauchartig sind;
- wenn natürliche Beleuchtung, Begrünung und Selbstgestaltung fehlen;
- wenn es an Nischen zum Verweilen mangelt;
- wenn keine Müllsortierung vorgesehen ist;
- wenn behindertengerechte Markierungen zur Orientierung fehlen, es an Durchgängen, Rampen, Aufzügen mangelt.

Als zukunftsweisend gilt:

➢ Flure sollten mit Ausstellungen und Sitznischen zum Verweilen einladen und sich als Treffpunkte eignen, außerdem sollten Flure kurz und sicherheitstechnisch einwandfrei gestaltet sein. Sauber- und Instandhaltung kann mit der Hilfe von Schülern organisiert werden. Verschiedene Müllbehälter zur Mülltrennung sollten dabei angeboten werden. Wärmedämmung und Zugluft erfordert spezielle Lösungen. Letztere Aspekte sollten helfen, Betriebskosten zu sparen.

VII. Zu Schulhof und Sonderflächen

Folgende ungünstige Aspekte sind zu berücksichtigen:

- wenn die Flächen zu klein sind; wenn ein geringes Beschäftigungs- und Erholungsangebot besteht;
- wenn die Nutzer auf den Wegen Angst vor Unfällen und Kriminalität haben müssen;
- wenn Begrünungen fehlen, kein Regenwasser gesammelt wird und Müllsortierung nicht vorgesehen ist;
- wenn dieser Bereich unter Sparmaßnahmen leidet.

Als zukunftsweisend gilt:

➢ Der Schulhof kann verschiedene Zonen wie z.B. auch einen Lautspielraum anbieten. Abgrenzungen sollten den angebotenen Beschäftigungen entsprechen und fließend sein z.B. durch Begrünung. Auch hierbei sind Schüler zur Beteiligung bei Grünbepflanzungen, künstlerischer Gestaltung und Sauberhaltung aufgefordert. Treffpunkte und Rückzugsmöglickeiten sind wünschenswert. Ökologisch kann auf das Regenwassersammeln, das Anlegen eines Biotops und die Mülltrennung geachtet werden. Spielgeräte sollten Anregungen für Bewegungen, Fantasie und Sinne ermöglichen. *Auf Sicherheit sollte z.B. durch Barrieren zum öffentlichen Raum oder „natürliche“ Aufsicht durch ein Lehrerzimmer mit Aussicht auf den Problembereich geachtet werden (Unfälle, Kriminalität).*

Für die *innovativen Architekten* steht Partizipation durch Schüler, Lehrer, Eltern, Nutzer und Öffentlichkeit nicht als Fremdwort „neben“ dem Geschehen, sondern als spezifischer Auftrag im planerischen Tagewerk. Folgerichtig bemerken wir das auch an der Wortwahl der Architekten. Sie sprechen vom Kind als „Adressaten“, vom Unterricht als „Seele“ des Hauses, von Lernfreude und Leistungsbereitschaft, vom Zuhause-Gefühl auf Seiten der Nutzer.

Die Architekten lassen erkennen, dass etliche Eckpfeiler ihrer Arbeit an der Gestaltung von Schulen auch in Zukunft unverzichtbar sind. Sie listen auf:

- Flexibilität im räumlichen Angebot,
- entkrampftes Sozialgefüge und Integration,
- unterrichtliche Gestaltungsvariablen,
- Schülerpersönlichkeit und erlebbare Gemeinschaft,
- anregungsreiche Umgebung;

hierzu zählen übersichtliche Gebäude, einladende Räume, angenehm wirkende Treffpunkte wie Nischen, Ausweichräume, Sitzecken, Aulen, Fachräume, Hallen, Eingangsbereiche, Pausenhöfe mit gleitenden Übergängen zu Freiflächen, Spielzonen, zu Rasen, Hecken, Sträuchern, Bäumen, Pflanzen und zum Schulweiher.

Besondere Betonung liegt auf der Feststellung: Wir geben dem Grundriss vieles mit auf den Gestaltungsweg. Allein jedoch schaffen wir die Schule der Zukunft nicht. Die eigentlichen Akteure und Pioniere lassen sich in den Reihen der Kinder, Pädagogen und Reformer finden! Und mit Bedacht fügen sie hinzu: „Schule hat etwas zu tun mit Wachsen-Lassen *und* Offensive, mit Kontinuität *und* mit Wagnis.“

5 Literatur

Acking, D.A. & Kuller, R. (1972).. The perception of an interior as a function of its color. *Ergonomics 15*, 645-654.

Ahrentzen, S.; Jue, G.M.; Skorpanich, M. & Evans, G.W. School environments and stress. (1982). In G.W. Evans (Ed.), *Environmental Stress*. New York: Cambridge University Press.

Altman, I. (1975). *The environment and social behavior: Privacy, personal space, territoriality and crowding*. Monterey, Cal: Brooks/Cole.

Anderson, C.S. (1982). The search for school climate: A review of research. *Review of Educational Research 52*, 368-420.

Arbinger, R. & Saldern, M. von (1982). *Schulische Umwelt und Verhalten von Schülern. Forschungsberichte aus dem Forschungsprojekt Sozialklima.* Landau: Zentrum für empirische pädagogische Forschung der EWH Rheinland-Pfalz.

Asztalos, A. (1981). Schule kaputt? Warum in Schulen vieles zerstört wird und was wir dagegen tun können. Braunschweig: Braunschweig Druck GmbH. *Niedersächsischer Kultusminister (Hrsg.)*. 4.

Barker, R.G. & Gump, P.V. (1964). *Big school, small school.* Stanford: Stanford University Press.

Baron, R. A. & Thomley, J. (1994). A Whiff of Reality: Positive Affect as a Potential Mediator of the Effects of Pleasant Fragrances on Task Performance and Helping. *Environment and Behavior 26*, 766-784.

Bell, P.A; Greene, T.C.; Fisher, J.D. & Baum, A. (1996). *Environmental psychology* (4th ed.). Fort Worth: Harcourt Brace College Publishers.

Berquet, K.-H. (1988). *Sitz- und Haltungsschäden. Auswahl und Anpassung der Schulmöbel.* Stuttgart: Georg Thieme.

Berry, P.C. (1961). Effects of colored illumination upon perceived temperature. *Journal of Applied Psychology 45*, 248-250.

Bingen, R. (1999). Interview vom 15.07.1999 Hosingen in Luxemburg 1-10 (unveröffentlicht).

Böhm, W. & Flores D'Arcais, G. (Hrsg.) (1979). Die italienische Pädagogik des 20. Jahrhunderts. Stuttgart: Klett-Cotta.

Bolle, H. (1997). Lehrerin in der Nachkriegszeit. In A. Dannhäuser (Hrsg.), *Erlebte Schulgeschichte 1939 bis 1955. Bayerische Lehrerinnen und Lehrer berichten* (S. 237-243). Bad Heilbrunn/Obb.: Klinkhardt.

Borg, I. (1984). Kumulative Theoriebildung im Rahmen der Facettentheorie. Prinzipien und Beispiele. *Unveröffentlichter Vortrag RWTH Aachen.*

Borg, I. (1986). Facettentheorie: Prinzipien und Beispiele. *Psychologische Rundschau 37*, 121-137.

Borg, I. (1996). Facettentheorie. In E. Erdfelder, R. Mausfeld, T. Meiser, G. Rudinger (Hrsg.), *Quantitative Methoden der Psychologie* (S. 231-240). München: Urban & Schwarzenberg.

Borg, I. & Shye, S. (1995). *Facet Theory. Form and Content.* Thousand Oaks: Sage.

Buddensiek, W. (1992). Schule der Zukunft. *Neue Deutsche Schule, H. 13/14*, 10-16.

Busmann, P. (1999). Interview vom 12.08.1999 in Köln 1-12 (unveröff.).

Busmann, P. & Haberer, G. (1996). *Eine Architektur für die Sinne.* Hrsg. v. Ingeborg Flagge. Berlin: Ernst & Sohn. Sonderdruck.

Chombart de Lauwe, P.-H. (1977). Aneignung, Eigentum, Enteignung. Sozialpsychologie der Raumaneignung und Prozesse gesellschaftlicher Veränderung. *Arch+ 34*, 2-6.

Day, P. & Dieckmann, P. (1995). Stadtqualität – nicht nur für junge Gesunde. In A.G. Keul (Hrsg.), *Wohlbefinden in der Stadt. Umwelt- und gesundheitspsychologische Perspektiven* (S. 198-233). Weinheim: PVU.

Dederich, M. (1996). *In den Ordnungen des Leibes. Zur Anthropologie und Pädagogik von Hugo Kükelhaus.* Münster: Waxmann.

Deutsche Gesellschaft für Umwelterziehung (1995). Modelle zur Umwelterziehung in der Bundesrepublik Deutschland. *Bericht über eine Fachtagung des Bundesministeriums für Bildung und Wissenschaft, der Hamburger Behörde für Schule, Jugend und Berufsbildung, der Dt. Gesellschaft für Umwelterziehung und des Instituts für die Pädagogik der Naturwissenschaften.* Kiel: Cats graphic. 24-25.

Dieckmann, F.; Flade, A.; Schuemer, R.; Ströhlein, G. & Walden, R. (1998). *Psychologie und gebaute Umwelt: Konzepte, Methoden, Anwendungsbeispiele.* Darmstadt: Institut Wohnen und Umwelt.

Dieckmann, F.; Flade, A.; Schuemer, R.; Ströhlein, G. & Walden, R. (1998). Umweltpsychologische Konzepte. In F. Dieckmann, A. Flade, R. Schuemer, G. Ströhlein & R. Walden, *Psychologie und gebaute Umwelt* (S. 47-51). Darmstadt: Institut Wohnen und Umwelt.

Dieckmann, F. & Schuemer, R. (1998). Kommunikation zwischen den beteiligten Gruppen. In F. Dieckmann, A. Flade, R. Schuemer, G. Ströhlein & R. Walden, *Psychologie und gebaute Umwelt* (S. 27-44). Darmstadt: Institut Wohnen und Umwelt.

Donnelly, D. (1980). Are We Satisfied with 'Housing Satisfaction`? *Built Environment 6* (1), 29-34.

Dreier, A.; Kucharz, D.; Ramseger, J.; Sörensen, B. (1999). *Grundschulen planen, bauen, neu gestalten. Empfehlungen für kindgerechte Lernumwelten.* Frankfurt a.M. Jubiläumsband zum dreißigjährigen Bestehen des Grundschulverbandes, Arbeitskreis Grundschule e.V.

Eichhholz, R. (1992). Die kinderfreundliche Stadt. In W. Gernert (Hrsg.), *Über die Rechte des Kindes. Impulse für die Jugendhilfe zum Schutz des Kindes durch Familie, Gesellschaft und Staat* (S. 255-266). Stuttgart: Boorberg.

Eissler, H. & Hoffmann, W. (1988). *Wohnbiotop. Energiesparendes Studentenwohnheim. Ein ökologisches Projekt an der Universität Kaiserslautern.* Karlsruhe: C.F. Müller.

Energie Depeche (1999). Informationen für Energieverbraucher Nr. 3, 26-28.

Eulefeld, G. (1996). Umwelterziehung. In L. Kruse, C.-F. Graumann & E.-D. Lantermann, *Ökologische Psychologie. Ein Handbuch in Schlüsselbegriffen.* (S. 654-659). München: Psychologie Verlags Union.

Faust-Siehl, G.; Garlichs, A. & Ramseger, J. (1996). *Die Zukunft beginnt in der Grundschule. Empfehlungen zur Neugestaltung der Primarstufe.* Reinbek bei Hamburg: Rowohlt Taschenbuch.

Festschrift (1998). *Freie Waldorfschule Köln.* Wuppertal: Offset Company. 40, 56-61.

Festschrift (1999). *Zur Wiedereröffnung des Martin-Luther Gymnasiums in Wittenberg.* 1-9.

Flade, A. (1987). *Wohnen psychologisch betrachtet.* Bern: Huber.

Flade, A. (1996). Kriminalität und Vandalismus. In L. Kruse, C.-F. Graumann & E.-D. Lantermann, *Ökologische Psychologie. Ein Handbuch in Schlüsselbegriffen* (S. 518-524). München: Psychologie Verlags Union.

Flade, A. (1998). Privatheit. In F. Dieckmann, A. Flade, R. Schuemer, G. Ströhlein & R. Walden, *Psychologie und gebaute Umwelt* (S. 58). Darmstadt: Institut Wohnen und Umwelt.

Flade, A. (1998). Evaluation eines innerstädtischen Schulhofs. In F. Dieckmann, A. Flade, R. Schuemer, G. Ströhlein & R. Walden, *Psychologie und gebaute Umwelt* (S. 243-247). Darmstadt: Institut Wohnen und Umwelt.

Frieling, E. & Sonntag, K. (1999). *Lehrbuch Arbeitspsychologie* (2. Aufl.). Bern: Hans Huber.

Gemeinsames Amtsblatt des Ministeriums für Bildung, Kultur, Wissenschaft und Weiterbildung von Rheinland- Pfalz (1996). Nr.6, 298.

Geo (1999). *WISSEN: Denken, Lernen, Schule.* Nr.1. 26-35.

Gifford, R. (1997). *Environmental Psychology. Principles and Practice* (2nd ed.). Boston: Allyn and Bacon.

Gifford, R. (2002). Educational Environmental Psychology. In: *Environmental Psychology. Principles and Practice* (S. 296-336) (3. Ed.). Colville WA: Optimal Environments.

Graumann, C.-F. (1996). Aneignung. In L. Krusc, C.-F. Graumann & E.-D. Lantermann, *Ökologische Psychologie. Ein Handbuch in Schlüsselbegriffen* (S. 124-130). München: Psychologie Verlags Union.

Groeben, N. & Rustemeyer, R. (2001). Qualitative und quantitative Inhaltsanalyse. In E. König & P.Zedler (Hrsg.), *Bilanz qualitativer Forschung* (2. Aufl.). Bd. II: Methoden. Weinheim: Deutscher Studien Verlag.

Gump, P. V. (1974). Operating environments in schools of open and traditional design. *School Review 82*, 575-593.

Gump, P. V. (1978). School environments. In I. Altman & J.F. Wohlwill (Eds.), *Children and the Environment.* New York: Plenum.

Guski, R. (1977). An analysis of spontaneous noise complaints. *Environmental Research 33,* 229-236.

Guski, R. (2000). *Wahrnehmung.* Eine Einführung (2. Aufl.). Stuttgart: Kohlhammer.

Hellbrück, J. & Fischer, M. (1999). *Umweltpsychologie.* Ein Lehrbuch. Göttingen: Hogrefe.

Heller, J.F.; Groff, B.D. & Solomon, S.A. (1977). Toward an understanding of crowding: The role of physical interaction. *Journal of Personality and Social Psychology 35,* 183-190.

Herzberg, F.; Mausner, B. & Snyderman,, B. (1967). *The motivation to work* (2nd ed.). New York: Wiley.

Homburg, A. & Matthies, E. (1998). *Umweltpsychologie. Umweltkrise, Gesellschaft und Individuum.* Weinheim und München: Juventa.

Hübner, P. (1999). Interview vom 25.08.1999 in Gelsenkirchen/ Bismarck. 1-11 (unveröff.).

Münch, Jürgen (Hrsg.) (1998). *Hugo Kükelhaus in der Architektur – Bauen für die Sinne.* Soest: Kettler.

Hundertwasser, F. & Harel, J. (1999). Schriftliche Befragung über das Martin-Luther Gymnasium vom 02.08.1999. 1-3 (unveröff.).

Kaminski, G. (Hrsg.) (1976). Umweltpsychologie. Stuttgart: Klett-Cotta.

Kaminski, G. (1988). Hoffnung und Skepsis in den Beziehungen zwischen Psychologen und Umweltgestaltern. *Berichte aus dem Psychologischen Institut der Universität Tübingen Nr. 26.*

Kasper, E. & Klever, K. (1999). Interview vom 24.07.1999 in Aachen. 1-9 (unveröff.).

Kleinau-Metzler, D. (2001). Blick über den Zaun. Vital erziehen. Ein Porträt der Evangelischen Gesamtschule Gelsenkirchen. *Erziehungskunst 6*, 739-743.

Klockhaus, R. & Habermann-Morbey, B. (1986). *Psychologie des Schulvandalismus.* Göttingen: Hogrefe.

Koch, J.-J. (1986). Vandalismus – Sozial- und Umweltpsychologische Aspekte destruktiven Verhaltens. *Gruppendynamik 17*, 65-82.

Kroner, W. (1994). *Architektur für Kinder, Architecture for Children.* Stuttgart: Karl Krämer.

Kruse, L.; Graumann, C.-F. & Lantermann, E.-D. (1996). Ökologische Psychologie. Ein Handbuch in Schlüsselbegriffen. München: Psychologie Verlags Union..

Kükelhaus, H. & Lippe, R. zur (1992, 1. Aufl. 1982). *Entfaltung der Sinne. Ein "Erfahrungsfeld" zur Bewegung und Besinnung.* Frankfurt: Fischer alternativ Taschenbuch.

Küller, R. (1996). Licht, Farbe und menschliches Verhalten. In L. Kruse, C.-F. Graumann, & E.-D. Lantermann, *Ökologische Psychologie. Ein Handbuch in Schlüsselbegriffen* (S. 614-619). München: Psychologie Verlags Union.

Lewin, K. (1963, orig. 1951). *Feldtheorie in den Sozialwissenschaften.* Bern: Huber.

Linneweber, V. (1996). Lernumwelt: Schule. In L. Kruse, C.-F. Graumann & E.-D. Lantermann, *Ökologische Psychologie. Ein Handbuch in Schlüsselbegriffen* (S. 383-388). München: Psychologie Verlags Union.

Lynch, K. (1976). *Manageing a sense of region.* Boston: MIT.

Mahlke, W. & Schwarte, N. (1997, orig. 1989). *Raum für Kinder. Ein Arbeitsbuch zur Raumgestaltung in Kindergärten.* Weinheim: Beltz.

Mahlke, W. (1985). Weg von der Raumgestaltung von der Stange. Spielräume für Individuen und nicht für genormte Kinder. *Theorie und Praxis der Sozialpädagogik 4*, 182-185.

Mayring, P. (1996). *Einführung in die qualitative Sozialforschung. Eine Anleitung zu qualitativem Denken* (3. überarbeitete Auflage). Weinheim: PVU.

McKechnie, G.E. (1977). The environment response inventory in application. *Environment and Behavior 9*, 255-276.

Meyer, H. (1989). *Unterrichtsmethoden II: Praxisband* (2., überarbeitete Auflage). Frankfurt am Main: Cornelsen.

Meyer, H. (1999). *Unterrichts Methoden II: Praxisband* (11. Aufl). Frankfurt am Main: Cornelsen Scriptor.

Montello, D. R. (1988). Classroom seating location and its effect on course achievement, participation, and attitudes. *Journal of Environmental Psych. 8*, 149-157.

Moore, G.T.; Tuttle, D.P. & Howell, S.C. (1985). *Environmental design research directions. Process and prospects.* New York: Praeger.

Neumann, K. (1995). Der Einfluß der Gestaltung von Lernumwelten auf die Arbeitseffektivität und das Wohlbefinden unter besonderer Berücksichtigung schulischer Lernbedingungen. Unveröffentl. Examensarbeit am Institut für Psychologie. Universität in Koblenz.

Newman, O. (1996). *Creating Defensible Space.* Rockville MD: U.S. Department of Housing and Urban Development User.

Nolting, H.P. (1997). *Lernfall Aggression. Wie sie entsteht – Wie sie zu vermindern ist.* Reinbek bei Hamburg: Rowohlt.

Pädagogisches Zentrum Rheinland-Pfalz (1998). Wohnen. PZ Information 9/98: Sozialpädagogik: 9. Klasse, 2. Halbjahr. Bad Kreuznach: PZ.

Perings, N. (1999). Schulen aus architekturpsychologischer Sicht. Unveröffentl. Examensarbeit am Institut für Psychologie. Universität in Koblenz.

Petermann, U. & Menzel, S. (1997). Exkurs: Wie wirken Schulgebäude auf die Schüler. Schulbauten der neunziger Jahre. *Baumeister 4*, 61-64.

Pott, G. (1993). *Biologesch Bauen a Wunnen.* Mamer/Lux.: Graphic Press.

Raab R. (1982). *Die Waldorfschule baut. Die Architektur der Waldorfschulen 1920 – 1980.* Stuttgart: Freies Geistesleben.

Rebhuhn, M. (1996). Tonangebend. *AIT Architektur Innenarchitektur Technischer Ausbau 5.*

Rheinzeitung (2001). Die Wohlfühl-Schule muss nicht teuer sein. Schule der Zukunft: Uni-Psychologen untersuchten Verhältnis von Architektur und Wohlbefinden. Annette G. Herrmann. Freitag, 25. Mai.

Rittelmeyer, C. (1994). *Schulbauten positiv gestalten: wie Schüler Farben und Formen erleben.* Wiesbaden: Bauverlag.

Rittelmeyer, C. (1996). Wie wirken Schulbauten auf Kinder. *Erziehungskunst 60*, 739-735.

Rittelmeyer, C. (1997). Schularchitektur. Wie Schulbauten auf Schüler wirken. *Die Ganztagsschule 37*, 29-40.

Rittelmeyer, C. (1999). Persönliches Schreiben vom 04.10.1999.

Rittelmeyer, C. (2000). Schularchitektur aus Schülersicht. Kinderleben. *Zeitschrift für Jenaplan-Pädagogik Heft 12*, 13-16.

Rolff, H.G. & Zimmermann, P. (1990). *Kindheit im Wandel. Eine Einführung in die Sozialisation im Kindesalter.* Weinheim und Basel.

Rivlin, L. G., & Weinstein, C. S. (1984). Educational issues, school settings, and environmental psychology. *Journal of Environmental Psychology 4*, 347-364.

Rustemeyer, R. (1992). *Praktisch-methodische Schritte der Inhaltsanalyse. Eine Einführung am Beispiel der Analyse von Interviewtexten.* Münster: Aschendorff.

Rustemeyer, R. (2000). Inhaltsanalyse. In G. Wenninger (Hrsg.), *Lexikon der Psychologie.* Band 1, Heidelberg: Spektrum.

Saldern, M. von (1992). Lernen und Klassenklima. In G. Nold (Hrsg.). *Lernbedingungen und Lernstrategien.* Tübingen: Gunter Narr.

Schick, A. (1997). *Das Konzept der Belästigung in der Lärmforschung.* Lengerich: Pabst.

Schick, A.; Klatte, M. & Meis, M. (1999). Die Lärmbelastung von Lehrern und Schülern – ein Forschungsstandsbericht. *Zeitschrift f. Lärmbekämpfung* 46, 77-87.

Schmitt, P. (1964). *Heimatkalender Kreis Bitburg* (S. 207-208). Trier: Paulinus.

Schmittmann, R. (1985). *Architektur als Partner für Lehren und Lernen. Eine handlungstheoretisch orientierte Evaluationsstudien am Großraum der Laborschule Bielefeld.* Frankfurt/M.: Lang.

Schröder, R. (1996). *Freiräume für Kinder(t)räume! Kinderbeteiligung in der Stadtplanung.* Weinheim: Beltz.

Schröter, S. (2001). Vergleichende Darstellung des empirischen Projektes "Schule der Zukunft" zur Waldorfschule Köln Chorweiler. Unveröffentl. Examensarbeit am Institut für Psychologie. Universität in Koblenz.

Schuemer, R. (1998). Dichte und Enge. In F. Dieckmann, A. Flade, R. Schuemer, G. Ströhlein & R. Walden, *Psychologie und gebaute Umwelt* (S. 57). Darmstadt: Institut Wohnen und Umwelt.

Schulchronik (1976). *100 Jahre Schule Trier-West.*Trier: Raab. 16-18.

Schulchronik Koxhausen (1875- 1944): Band I, Eintragungen durch jeweilige Schulleiter der Ortsgemeinde Koxhausen. (Handschriftlich); Gemeindehaus, 54673 Koxhausen, Seibertstr.

Schwarz, A. & Grumbach, J. (1988). *Schulordnung für die öffentlichen Grundschulen in Rheinland-Pfalz.* Grünstadt: Emil Sommer.

Siegmund, K. (1996). Ab nach draußen. Zur Gestaltung von Außenanlagen. *Kinderzeit 2*, 25-27.

Smith, P.C. & Connolly, K.J. (1980). *The ecology of preschool behaviour.* New York: Cambridge University Press.

Sommer, R. & Olsen, H. (1980). The soft classroom. *Environment and Behavior 12*, 3-16.

Spiegel (1994). Der andere Unterricht. Abenteuer Lernen. Wie Schule Spaß macht. Nr. 35, 47.

Steiner, H. (2000). *Gemeinsam gestalten. Arbeitsbuch zur integrativen Kreativitätsförderung* (4. Auflage). Dortmund: Borgmann.

Sto Journal (1999). Zeitschrift für Planer, Architekten, Investoren mit dem Thema: Niedrigenergiehäuser. Bewußt bauen. 2. Stühlingen: Sto AG 3-5.

Ströhlein,G. (1990). *Schulische Umwelt.* (Kurs 3235) Hagen: FernUniversität.

Ströhlein, G. (1998). Beiträge zur Evaluation schulischer Umwelten. In F. Dieckmann, A. Flade, R. Schuemer, G. Ströhlein & R. Walden, *Psychologie und gebaute Umwelt* (S. 178-181). Darmstadt: Institut Wohnen und Umwelt.

Struck, P. (1992). *Schul- und Erziehungsnot in Deutschland. Ein Ratgeber für Eltern, Lehrer und Bildungspolitiker.* Neuwied: Hermann Luchterhand.

Sundstrom, E. & Sundstrom, M.G. (1986). *Work places. The psychology of the physical environment in offices and factories.* Cambridge: Cambridge University Press.

Thomas, K.G. (1987). The effects of high and low social density on on-task behavior and correctness of work sheet completion of sprecial education students. *Dissertation Abstracts International 48*, 630-631.

Umwelt Journal (21/1999). Agenda 21. Mainz: Falk. 24-27, 38-39.

Vliet, W. van (1984). Vandalism: an assessment and agenda. In C. Lévy-Leboyer (Ed.), *Vandalism.* Amsterdam: Elsevier.

Walden, R. (1993). *Lebendiges Wohnen: Entwicklung psychologischer Leitlinien zur Wohnqualität.* Frankfurt am Main: Peter Lang.

Walden, R. (1995 a). Wohnung und Wohnumgebung. In A.G. Keul (Hrsg.), *Wohlbefinden in der Stadt. Umwelt- und gesundheitspsychologische Perspektiven* (S. 69-98). Weinheim: Beltz-PVU.

Walden, R. (1995 b). Lärm und Ruhe in ihrer Bedeutung für Wohnqualität. *Zeitschrift für Lärmbekämpfung 42*, 159-168.

Walden, R. (1996 a). Die Selbstverantwortung von Bewohnern: Eine Grundlage zur sichtbaren Stabilisierung von Lebensverhältnissen. *Die Wohnungswirtschaft 49* (1), 40-44.

Walden, R. (1996 b). Wohlbefinden und Wohnzufriedenheit. Bauen für die Seele. Heraklith Rundschau. *Heraklith Holding AG.* 26-27.

Walden, R. (1998). "Die Bewertung der produktivitätsfördernden Effekte" (Teil 2). *Die Wohnungswirtschaft 7*, 33-35.

Walden, R. (1998). Aneignung. In F. Dieckmann, A. Flade, R. Schuemer, G. Ströhlein & R. Walden, *Psychologie und gebaute Umwelt* (S. 63-65). Darmstadt: Institut Wohnen und Umwelt.

Walden, R. (1998). BOSTI – Produktivitätssteigerung durch Bürogestaltung. In F. Dieckmann, A. Flade, R. Schuemer, G. Ströhlein & R. Walden, *Psychologie und gebaute Umwelt* (S. 272-281). Darmstadt: Institut Wohnen und Umwelt.

Walden, R. (1998). Human Resources: Steigerung von Leistung durch bessere Gestaltung von Gebäuden (Teil 1). *Die Wohnungswirtschaft 6,* 38-40.

Walden, R. (1998). Umweltkontrolle. In F. Dieckmann, A. Flade, R. Schuemer, G. Ströhlein & R. Walden, *Psychologie und gebaute Umwelt* (S. 66-67). Darmstadt: Institut Wohnen und Umwelt.

Walden, R. (1998). Universitätsbibliothek und Mensa in Koblenz 2000 – Wunsch und Wirklichkeit. In F. Dieckmann, A. Flade, R. Schuemer, G. Ströhlein & R. Walden, *Psychologie und gebaute Umwelt* (S. 252-261). Darmstadt: Institut Wohnen und Umwelt.

Walden, R. (1998). Wohnzufriedenheit, Wohlbefinden und Wohnqualität. In F. Dieckmann, A. Flade, R. Schuemer, G. Ströhlein & R. Walden, *Psychologie und gebaute Umwelt* (S. 75-114). Darmstadt: Institut Wohnen und Umwelt.

Walden, R. (1999). Work-Efficiency and Well-Being in Offices of the Future. Paper presented at the symposium: W.F.E. Preiser, Evaluation of Intelligent Office Buildings in the Cross-Cultural Context. Thorbjörn Mann (Ed.), *Proceedings of the 30th Annual Conference of the Environmental Design Research Association. The Power of Imagination* (pp. 258-259). Orlando, Florida. June 2-6.

Walden, R. (2000). Die Auswirkungen von Selbstgestaltungen in Schulgebäuden auf Wohlbefinden, Lern- und Sozialverhalten. *Vortrag gehalten auf dem Kongreß der Deutschen Gesellschaft für Psychologie.* Jena, 24-28. September 2000.

Walden, R. (2000). Human resources in office design – or how to estimate monetary outcome from recommendations for future buildings? A model calculation. *Paper presented at the 16th Conference of the I.A.P.S. (International Association of People-Environment Studies).* Sorbonne, Paris, France. July 4-8.

Walden, R. (2002). Schule der Zukunft. In G. Wenninger, *Lexikon der Psychologie.* Heidelberg: Spektrum.

Walden, R. & Schmitz, I. (1999). *Kinder Räume. Kindertagesstätten aus architekturpsychologischer Sicht.* Freiburg im Breisgau: Lambertus.

Wasserfurth, N. (1996). Licht zum Lernen. *AIT Architektur Innenarchitektur Technischer Ausbau 5.*

Weachter-Böhm, L. (1996). Lernen in der schönsten Blüte. Spectrum: 09.03.1996. Internet: Stichwort: Heinz-Galinski Schule Berlin Grunewald. Am 04.04.2002: http://db.nextroom.at/tx/534.html

Werner, C.M. & Altman, I. (2000). Humans and Nature: Insights from a Transactional View. In S. Wapner, J. Demick, T. Yamamoto & H. Minami (Eds.), *Theoretical Perspectives in Environment-Behavior Research. Underlying Assumptions, Research Problems, and Methodologies.* New York: Kluwer.

Werner, C.M.; Altman, I. & Oxley, D. (1985). Temporal aspects of home. A transactional perspective. In I. Altman & C.M. Werner (Eds.), *Home environments. Human behavior and environment* (Vol. 8, pp. 1-32). New York: Plenum.

Zimbardo, P.G. (1995). *Psychologie* (6. Aufl.). Berlin u.a.: Springer.

Zwimpfer, M. (1985). *Licht, Sehen, Empfinden. Eine elementare Farbenlehre in Bildern.* Bern: Haupt.

Anhang

Anhang 1

Fotos von sechs analysierten Schulen

Anhang 2

Die Heinz-Galinski-Schule in Berlin

Anhang 3

Zwei Texte von Friedensreich Hundertwasser

Anhang 1
Fotos von sechs analysierten Schulen

Zentralschule Hosingen

Hugo-Kükelhaus-Schule in Wiehl – Oberbantenberg

Gesamtschule Gelsenkirchen

Waldorfschule Köln

Martin-Luther-Gymnasium in Wittenberg

Montessori-Schule in Aachen

Außenbereich der Zentralschule Hosingen

Die in reizvoller Landschaft gelegene Schule wird später Mittelpunkt einer gemeindebaulichen Konzeption.

Blick in den Innenbereich der Zentralschule Hosingen

Klassenräume und Treppenhaus

Hugo-Kükelhaus-Schule in Wiehl - Oberbantenberg

Teilbereich der Hugo-Kükelhaus-Schule

Schulteich

Gewächshaus

Hugo-Kükelhaus-Schule in Wiehl - Oberbantenberg

Spielgeräte für die Sinne: Rotationsscheibe, Klangspiel und Summstein

Sporthalle

Fühlweg

Schwimmbad (behindertenfreundlich)

Hugo-Kükelhaus-Schule in Wiehl - Oberbantenberg

Treppenhaus

Klassenraum

Aula

Flur mit Schülerarbeiten

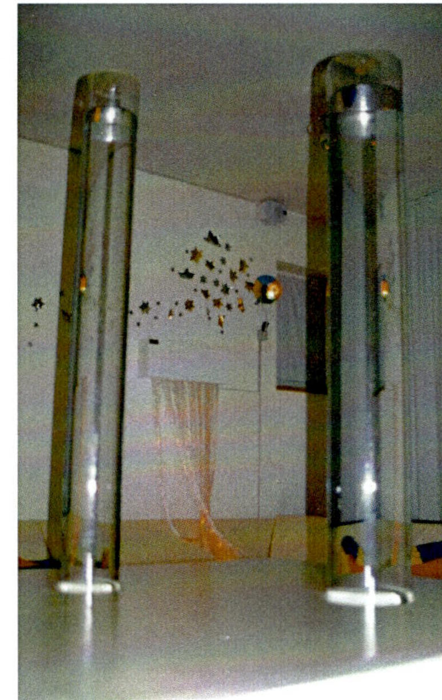

Snoezelen-Raum

Gesamtschule Gelsenkirchen

„Stadthaus“ und Bibliothek

„Wirtshaus“

Fachklassen-Häuser

Klassenhäuser

Versammlungs- u. Ausstellungsort

Sporthalle

Waldorfschule Köln

Schulgebäude

Schule und Sporthalle

Sporthalle mit vorgelagerten Werkstätten

Blick auf Hausmeisterwohnung und Sporthalle

Waldorfschule Köln

„Oase im Innenbereich

Flur

Waldorfschule Köln

„Oase“

Dach der „Oase“

Waldorfschule Köln

Klassen-
zimmer

Aula

Mosaik-
schmuck

Blick auf das Martin-Luther-Gymnasium in Wittenberg

Blick in den Innenbereich des Martin-Luther-Gymnasiums in Wittenberg

Maria-Montessori-Schule Aachen

Eingangshalle: Eindruck von der Farbigkeit im Inneren
Fassadenausschnitt (rechtes Bild)

Maria-Montessori-Schule Aachen

Zwei der drei Zugänge zum Schulplatz

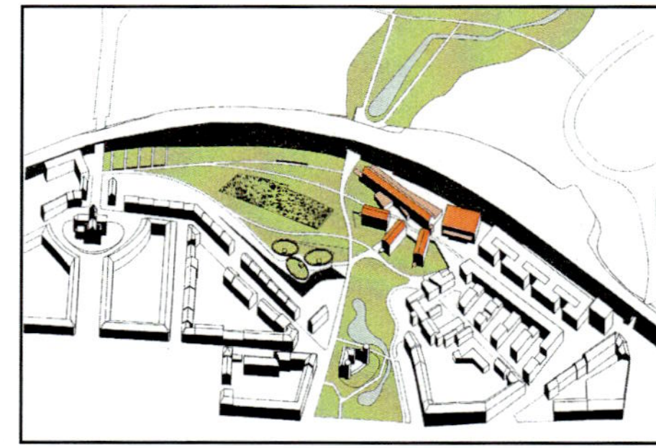

Isometrie

Anhang 2

Die Heinz-Galinski-Schule in Berlin

Die Heinz-Galinski-Schule

Der Neubau der Heinz-Galinski-Schule ist der erste jüdische Schulbau in Deutschland nach 1945. Die Schule wird strengstens bewacht. Ein hermetisch verriegelter Zugang, 5 cm dicke, kugelsichere Glasscheiben und ein hoher Zaun sichern den Gesamtkomplex. Diese Schule erregte großes Aufsehen mit ihrer architektonischen Gestalt. Die in Berlin am Rande des Grunewald gelegene Schule besteht aus mehreren keilförmigen Baukörpern, die sich mit überlappenden Spitzen zum Mittelpunkt des Eingangshofes hin bewegen. Der Bau fällt zunächst auf durch seine scharfen Kanten und seine gestreckten und gewölbten Keile. Im Inneren befinden sich verschachtelte Gänge und Flure auf verschiedenen Höhenniveaus in schlangenartiger Gestalt, die es zu erkunden gilt. Zwischen den einzelnen Gebäuden ergeben sich viele kleine Nischen, aber auch Terrassen und Vorsprünge, die es als kleine Straßen, kleine Plätze und auch als Innenhöfe zu entdecken gilt. Neugierde wird geweckt und es werden Erklärungen gesucht. Eine wahre Herausforderung für die Sinneswahrnehmung? Gerne hätte ich (Simone Borrelbach) hier hospitiert und die Annahme des Gebäudes durch die Kinder und deren Befindlichkeit erkundet. Der israelische Architekt Zvi Hecker orientierte sich beim Grundriss an der Struktur einer Sonnenblume. Leider ist dieser Grundriss nur aus der Luft sichtbar! Die Fassade zeigt uns eine mediterrane Baugestalt mit kleinen Fenstern und Türen sich der Sonne abweisend. Dominierende Baumaterialien sind neben Schichtbeton, Holz, Metall aber auch unfertig gelassene Wände, die den Kindern den Bauprozess hautnah demonstrieren. 1992 wurde mit dem Bau begonnen; Kosten: ca.46 Millionen DM.

Anhang 3

Zwei Texte von Friedensreich Hundertwasser

Zur Umgestaltung des Martin-Luther-Gymnasiums in Wittenberg (HUNDERTWASSER, November 1994)

© 2002 Gruener Janura AG, Glarus Schweiz

GERADE IN DER ARCHITEKTUR FÜR KINDER, BEI SCHULEN UND KINDERGÄRTEN WURDE NACH DEM KRIEG IN GERADEZU VERBRECHERISCHER WEISE GESÜNDIGT.

DIE KINDER VERBRINGEN IHRE KOSTBARSTE ZEIT, IHRE JUGEND- UND ENTWICKLUNGSJAHRE IN ARCHITEKTUREN, DIE STRAFANSTALTEN ODER ÜBEREINANDER GESTAPELTEN HÜHNERSTÄLLEN ÄHNELN, IN DENEN DIE SEELE DES KINDES ZUGRUNDE GEHT MIT ALLEN BÖSEN FOLGEWIRKUNGEN FÜR UNSERE GESELLSCHAFT – EIGENE TRÄUME UND SCHÖPFERTUM, OHNE DIE DER MENSCH NICHT MENSCH SEIN KANN, WERDEN IN DIESEN AUTORITÄREN, GEFÜHLSKALTEN ERZIEHUNGSANSTALTEN BEREITS IM KEIM ERSTICKT.

KOPFWEH, UNWOHLSEIN, AGGRESSIONEN, PSYCHISCHE STÖRUNGEN UND FLUCHT IN NARKOTIKA, ETC. ETC., DAS IST DIE RECHNUNG, DIE UNS ALLEN PRÄSENTIERT WIRD.

ICH WURDE GEBETEN, GERADE IN DER STADT WITTENBERG EIN BEISPIEL, EIN PILOTPROJEKT IN DIE VERNACHLÄSSIGTE HUMANE RICHTUNG ZU GEBEN, NACHDEM ICH MEIN ANLIEGEN FÜR EINE NATUR- UND MENSCHENGERECHTERE BAUWEISE BEREITS SEIT JAHREN UNTER BEWEIS GESTELLT HABE.

EINE BEWALDETE, BEWANDELBARE DACHLANDSCHAFT, WO DIE VIELFALT DER SPONTANVEGETATION SICH MIT DER KREATIVITÄT DES MENSCHEN TRIFFT, <u>WO KINDERSEELEN SICH ENTFALTEN KÖNNEN WIE DIE BLÄTTER DER BÄUME DES WALDEN, DER AUF DEM EIGENEN DACH WÄCHST.</u>

GANZ ABGESEHEN VON DEM <u>ANSCHAUUNGSUNTERRICHT IN UMWELTSCHUTZ</u> IN DIESEM BEGINNENDEN ÖKOLOGISCHEN ZEITALTER.

ES IST DER KAMPF - DAS LETZTE RÜCKZUGSGEFECHT DER STUREN BETONIERER, NIVELLIERER UND BEGRADIGER GEGEN DIE UNVERMEIDLICHE WIEDERGUTMACHUNG AN DER NATUR UND DER SEELE DES MENSCHEN.

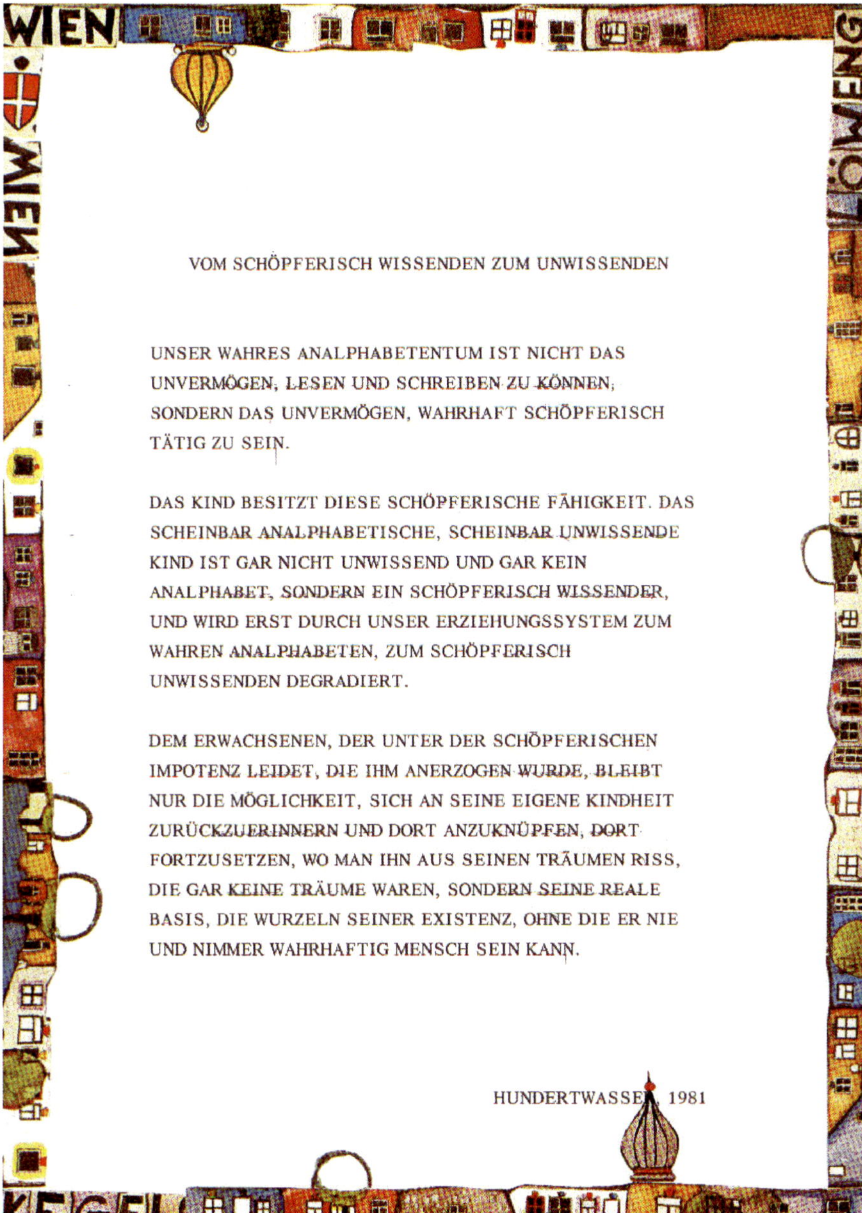

VOM SCHÖPFERISCH WISSENDEN ZUM UNWISSENDEN

UNSER WAHRES ANALPHABETENTUM IST NICHT DAS UNVERMÖGEN, LESEN UND SCHREIBEN ZU KÖNNEN, SONDERN DAS UNVERMÖGEN, WAHRHAFT SCHÖPFERISCH TÄTIG ZU SEIN.

DAS KIND BESITZT DIESE SCHÖPFERISCHE FÄHIGKEIT. DAS SCHEINBAR ANALPHABETISCHE, SCHEINBAR UNWISSENDE KIND IST GAR NICHT UNWISSEND UND GAR KEIN ANALPHABET, SONDERN EIN SCHÖPFERISCH WISSENDER, UND WIRD ERST DURCH UNSER ERZIEHUNGSSYSTEM ZUM WAHREN ANALPHABETEN, ZUM SCHÖPFERISCH UNWISSENDEN DEGRADIERT.

DEM ERWACHSENEN, DER UNTER DER SCHÖPFERISCHEN IMPOTENZ LEIDET, DIE IHM ANERZOGEN WURDE, BLEIBT NUR DIE MÖGLICHKEIT, SICH AN SEINE EIGENE KINDHEIT ZURÜCKZUERINNERN UND DORT ANZUKNÜPFEN, DORT FORTZUSETZEN, WO MAN IHN AUS SEINEN TRÄUMEN RISS, DIE GAR KEINE TRÄUME WAREN, SONDERN SEINE REALE BASIS, DIE WURZELN SEINER EXISTENZ, OHNE DIE ER NIE UND NIMMER WAHRHAFTIG MENSCH SEIN KANN.

HUNDERTWASSER, 1981

© 2002 Gruener Janura AG, Glarus Schweiz

ASANGER

www.asanger.de

Gustav Keller

Qualitätsentwicklung in der Schule.

Ziele, Methoden, kleine Schritte. 2002, 150 S., 22.- €
ISBN 978-3-89334-378-4

Der Autor zeigt überzeugend auf, wie eine Schule die Qualität ihrer pädagogischen Arbeit verbessern kann. Hierzu vermittelt er zahlreiche Anregungen, Anleitungen und Methoden (z.B. Lehrer-Schüler-Dialogrunde), die das Ziel „Verbesserung von Schulklima, Unterricht und Erziehung" in kleinen, energiesparenden Änderungsschritten erreichen lassen.

„eines der praktikabelsten Fachbücher, weil es Bezug nimmt zu den vielen kleinen Schritten, die in der Schulentwicklung notwendig sind."
(Staatl. Akad. f. Lehrerbildung Coburg).

Gustav Keller

Schulpsychologie von A bis Z.

Ein schulpsycholog. Praxislexikon. 2003, 287 S., 29.- €
ISBN 978-3-89334-400-4

Wissen wird in Übersichtsartikeln, Kurzbeschreibungen und Definitionen souverän vermittelt. Die Beiträge enthalten außerdem noch wichtige Literaturhinweise und Internet-Adressen, mit denen man entweder direkt zu den gewünschten Informationsseiten oder zu Portalen gelangt, deren Suchfenster oder Links zum Informationsziel weiterführen.

„... bündelt verständlich das aktuelle schulpsychologische Wissen für alle im Schulbereich tätigen Beratungsfachkräfte, für Lehrer, Schulleitung und Schulaufsicht ..."
(Kultus und Unterricht).

Helmut Schaaf

Erbarmen mit den Lehrern.

2008, 112 S., 12,95 €
ISBN 978-3-89334-534-2

Zwischen Engagement und Burnout: Was Lehrer krank macht und was ihnen helfen könnte, gesund zu bleiben. Der Autor, der selbst einmal Lehrer werden wollte, beschreibt als Arzt typische Erkrankungen von Lehrern. Und er zeigt, wie sich die hohen Belastungen im Lehrerberuf besser bewältigen lassen.

„Und man spürt das echte Mitgefühl des Autors ...So kann er auch Eltern, an die sich das Buch ebenfalls richtet, davon überzeugen, dass Lehrer Schwerstarbeit leisten."
(Psychologie Heute)

Detlev Lindau-Bank (Hg.)

Leistungsfähige Schulen.

2003, 213 S., 19.- €
ISBN 978-3-89334-397-0

Schulentwicklung im Spannungsfeld zwischen Schule und Beruf. Aktueller Sammelband dazu, • wie Schulen ihre eigenen Kräfte mobilisieren können • wie sich der Übergang von der Schule zum Beruf reibungsfrei gestalten lässt • wie sich die neuen Informations- und Kommunikationstechnologien sinnstiftend einsetzen lassen.

„hilfreiche Anregungen aus der gemeinsamen Arbeit von Schulen in einem Netzwerk" (Die Deutsche Schule).

Asanger Verlag GmbH • Dr. Gerd Wenninger • Bödldorf 3 • 84178 Kröning
Tel. 08744-7262 • Fax 08744-967755 • e-mail: verlag@asanger.de

ASANGER www.asanger.de

Walter Edelmann

Suggestopädie und Superlearning.

7. Aufl. 2007, 139 S., 18.- €
ISBN 978-3-89334-142-0

Suggestopädische Lernverfahren auf dem Prüfstand. Wie sich die Erfolge von Suggestionspädagogik erklären lassen, zeigt dieser Bestseller! Die fundierte Kritik gibt Fachleuten wie auch „Verbrauchern" die Gelegenheit, sich ein eigenes Urteil über das Ziel „einer ganzheitlichen Entfaltung der Person des Lernenden" zu bilden.

„Es ist kein Buch, was man am Abend schnell mal wegliest, sondern ein Buch für alle diejenigen, mit tiefergehenden Interesse an der Suggestopädie und ihrem theoretischen Hintergrund zum optimierenden Lernen." (Trainertreffen)

Birgit Hawelka, Marianne Hammerl, Hans Gruber (Hg.)

Förderung von Kompetenzen in der Hochschullehre.

2007, 258 S., 24.- €
ISBN 978-3-89334-473-X

Theoretische Konzepte und ihre Implementation in der Praxis. Mit Beiträgen zu den fünf Curriculum- bzw. Kompetenzbereichen „Lehr-Lern-Konzepte", „Präsentation und Kommunikation", „Evaluation der Lehre", „Fach- und Methodenberatung für Studierende" sowie „Mündliche und schriftliche Prüfungen".

„.. gibt ein breites Wissen an die Hand und erlaubt, neueste Erkenntnisse pädagogisch-psychologischer Forschung in der eigenen Lehre an der Universität nutzen zu können. "
(Rudolf F. Dietze, Univ. Regensburg)

Ina Rösing

Intelligenz und Dummheit.

2004, 590 S., 20.- €
ISBN 978-3-89334-426-8

Im Zeichen von „PISA" ein wichtiges Buch vor allem für Lehrer und Personalchefs, die andere Menschen nach Intelligenz und Dummheit bewerten. Wissenschaftliche Konzepte, Alltagskonzepte, fremdkulturelle Konzepte. Ein Denk- und Werkbuch.

„Überall spannend, provokativ, ingeniös, anschlussfähig an viele Diskurse, fast betäubend in seiner Fülle an Assoziationen ..."
(Prof. Dr. Johannes Siegrist)

Ina Rösing

Weisheit.

2006, Festeinband,
350 S., 29.50 €
ISBN 978-3-89334-442-X

Meterware, Maßschneiderung, Missbrauch. Der Stoff „Weisheit" ist in seiner Fülle und Vielfalt – solange er noch „Meterware" ist, d.h. unbeschnitten von engen Definitionen – kostbar wie Brokat. Sobald sich ihr aber die Wissenschaft annimmt, sie definiert, sie vermisst und erforscht, wird sie zu einer engen „Maßschneiderung".

„... bin ich sehr beeindruckt von der spannenden transkulturellen Perspektive. Auf so ein Buch haben wir lange gewartet!"
(Prof. Dr. Aleida Assmann, Konstanz)

Asanger Verlag GmbH • Dr. Gerd Wenninger • Bödldorf 3 • 84178 Kröning
Tel. 08744-7262 • Fax 08744-967755 • e-mail: verlag@asanger.de